CHINA STONE

第四十九辑 洞察

华夏基石管理咨询集团 主编
CHINA STONE MANAGEMENT CONSULTING GROUP

INSIGHT

中国财富出版社

图书在版编目（CIP）数据

洞察 . 第四十九辑 / 华夏基石管理咨询集团主编 . -- 北京：中国财富出版社，
2018.12

ISBN 978-7-5047-6692-2

Ⅰ . ①洞… Ⅱ . ①华… Ⅲ . ①企业管理 Ⅳ . ① F272

中国版本图书馆 CIP 数据核字 (2018) 第 295844 号

策划编辑 李 晗 责任编辑 邢有涛 李 晗

责任印制 尚立业 责任校对 杨小静 责任发行 敬 东

出版发行 中国财富出版社

社 址 北京市丰台区南四环西路 188 号 5 区 20 楼 邮政编码 100070

电 话 010-52227588 转 2048/2028（发行部） 010-52227588 转 321（总编室）

010-68589540（读者服务部） 010-52227588 转 305（质检部）

网 址 http://www.cfpress.com.cn

经 销 新华书店

印 刷 北京柏力行彩印有限公司

书 号 ISBN 978-7-5047-6692-2/F · 2977

开 本 175mmx285mm 1/16 版 次 2019 年 1 月第 1 版

印 张 10 印 次 2019 年 1 月第 1 次印刷

字 数 161 千字 定 价 58.00 元

洞见企业成长规律　察觉创新变革真谛

第四十九辑　　华夏基石管理咨询集团　主编

总　编
彭剑锋

主　编
尚艳玲

版式设计
罗　丹

《洞察》微信公众号

学术顾问团队（按姓氏笔画排列）

文跃然　包 政　孙健敏　杨 杜　杨伟国　吴春波　张 维　施 炜　黄卫伟

专家作者团队（按姓氏笔画排列）

王祥伍　邢 雷　全怀周　孙 波　孙建恒　李志华　宋枨宸　张小峰
张文峰　张百舸　陈 明　苗兆光　朋 震　单 敏　荆小娟　饶 征
夏惊鸣　郭 伟　郭 星　陶 旭　黄健江　彭剑锋　程绍珊

华夏基石知识与市场服务中心

咨询电话(Tel)：010－58752828－817　13611264887（微信同）

投稿邮箱：shangyl@chnstone.com.cn

网　　址：www.chnstone.com.cn

地　　址：北京市海淀区丹棱街3号中国电子大厦B座19层（100080）

主办

北京华夏基石企业管理咨询有限公司
China Stone Management Consulting Ltd.　**CHINA STONE**

2019年创新成长之光：
回归客户价值本位和企业家精神
——以小米为例

按照传统套路，新的一年一般要讲一些回顾和预测之类的内容。但2019年的开端，我想从小米的实践探索讲起，以小米为例表达我一直以来的主张：回归客户价值本位和产品主义，回归企业家的创新精神。

我们华夏基石的几位专家一直在跟踪研究小米。小米从零起步，仅用了八年的时间就成长为一家世界级公司，这种成长速度不仅在中国，甚至在全球企业的发展史上也是独一无二的。我本人虽不是小米产品的铁杆粉丝，与雷军本人也无私交，但我是小米生态战略与商业模式研究的发烧友及铁杆认同者。

我为什么看好小米，支持小米？

首先是看好小米创始人雷军的价值观及产品主义的追求。我始终认为，现在中国企业真正步入一个品质发展和创新驱动的时代，面对新环境新要求，首先要求的是企业家的转型和认知革命。企业家一是要回归到客户价值，树立产品主义的信念；二是要回归企业家创新精神，创新思维、自我超越、重构认知，建立生态思维，进行生态和商业模式创新。

回归客户价值，树立产品主义，首先要求企业家的"三观"要正，如果企业家没有好的"三观"，只追求挣钱，不注重产品，不关心客户价值，做企业早晚会出问题。

记得第一次听到雷军演讲，他的两句话让我感动："我干小米，就想走一条不同的路，想办成一个持续永恒的事业，追求基业长青。而要基业长青，就要做到两条：第一，真材实料；第二，对得起良心，把真材实料变成一种信仰。"

"把真材实料当信仰""对得起良心"，这两句话很朴实，却道出了企业经营的本质，戳到了中国企业的痛点。雷军说："小米要做的第一件事就是向同仁堂学习货真价实；向海底捞学习口碑源于超预期，我相信口碑；向沃尔玛、Costco（好市多）学习，低毛利、高效率是王道。低毛利、高效率的公司最厉害。"

我是一个产品主义倡导者。我认为，在中国，内心深处想把产品做好的企业家太少了，这也是中国虽然是制造大国，却不是品牌大国的一个重要原因。小米八年来，始终在追求产品的时尚、简单、极致，创造高品质、高颜值、高性价比的产品已成为小米产品的标签。

好的企业家致力于做好产品，好的产品赢得好的客户，最终成就好的企业。这就是我一直提倡的互联网与智能化时代的"三好"企业。

其次是看好小米创新的生态战略思维与铁三角的商业模式。我是国内最早提出要用互联网思维去改造传统实体经济，提出产业互联网时代来临的学者之一，一直倡导中国企业在新的时代背景下要回归价值创造，探索构建内在平台能力优势与外在生态优势的全新价值创造模式。

企业要做到这一点其实非常难，为什么？因为它要求企业家告别路径依赖、走出舒适区，回归企业家创新精神，自我突破，改变认知，进行生态和商业模式创新。而小米的生态链战略及铁三角商业模式的创新实践，让我眼前一亮，看到了未来中国企业创新成长的曙光。

这几年，传统互联网企业的弊端已显现出来：只有上半身而没有下半身。但小米从一开始玩儿的就是上半身与下半身一体化，小米提出的生态链战略及"铁三角"（硬件＋新零售＋互联网）的商业模式，是用互联网的思维与技术去做实体经济，玩儿的是互联网的高级形态——产业互联网，所要打造的是以用户价值创造为中心，以产品技术创新和系统效率为根基，以手机、智能硬件和IoT（物联网）平台为核心的产业互联网。这是互联网的高级形态，是数字化、智能化、物联网时代大势所趋。

还有很重要的一点：小米的生态链战略及事业合伙机制的实施，将极大地吸纳和整合众多的"人物"（企业家、投资家）、牛人（顶尖的技术创新者与专家）、能人（高潜质、高能量、高绩效）等高素质人才加入小米的大生态圈，共创伟业，共享价值。这种人才势能聚合的企业，内在成长和发展的潜力是不可估量的。

我认为，只要小米始终坚持客户价值本位，致力于将产品做好，将组织能力和生态平台发育好、建设好，坚持创新驱动发展，小米将会站到这个时代的商业舞台中央，成为品质发展和智能化时代的企业标杆。

彭剑锋

华夏基石管理咨询集团由我国管理咨询业开拓者之一、著名管理咨询专家彭剑锋教授领衔创办，旗下汇聚了500多位既具有扎实理论功底又具有实践操作经验的资深咨询顾问，中国企业联合会管理咨询委员会副主任单位。作为一家研究型管理咨询公司，华夏基石始终致力于整合、传播国内外先进管理理念与优秀实践成果，并推进其在中国管理实践中的运用；不断总结、研究中国管理实践，提出了一系列对中国企业具有实际意义、原创性的管理方法与工具；在对国内外先进管理智力成果进行研究的基础上进行创新，开发具有独立知识产权的专业化产品和服务，将"为客户创造价值，与客户共同成长"的理念落于实处，管理产品与咨询服务成果得到业内高度认可。

为客户创造价值
与客户共同成长

http://www.chnstone.com.cn

认知革命
——宏观变局与数字化生存

"2018第六届华夏基石十月管理高峰论坛"在京召开

2018年10月27日，华夏基石管理咨询集团在北京召开了"2018第六届华夏基石十月管理高峰论坛"，主题为："认知革命——宏观变局与数字化生存"。来自管理学界、经济学界和企业界的9位嘉宾进行了精彩演讲。从全国各地云集而来的1200多位企业家与企业高管参加了本次论坛。

专家们围绕着"认知"和经营管理创新的演讲，让与会者明白，所谓"认知革命"，并不是颠覆性地推倒重来，而是要保持与这个时代的脉搏共振——不仅要认知到那些业已发生和即将发生的变化（认知内容），也要变革我们的认知方式。"虽然后者比较难，但认知方式决定了人们能接受什么和如何接受。"（孙健敏教授语）

彭剑锋　　　　祝宝良　　　　杨　杜

包　政　　　　施　炜　　　　孙健敏

吴春波　　　　文跃然

一年一度的华夏基石十月管理论坛是管理思想的激荡，是智慧与实践的交融，是理论研究者与一线管理者的交流。"管理构筑基石，咨询智启未来"，作为中国较大的研究性咨询公司，华夏基石将继续创造这样的知识盛会，创造价值，贡献力量，助力中国企业成长！

华夏收藏

此盏托设计精致巧妙，造型秀丽端庄。通体施青釉，釉色明净淡雅，釉层透明度较高，表面发冰裂纹，系烧造温度较高所致。釉面温润有玻璃感，属宋代耀州窑瓷器的精品之一，具有极高的收藏价值。

此盏托的托盘呈六瓣花形，中起托杯，足微外撇，上下不通，为典型的宋式造型。托心做圆形浅槽以承盏杯，槽边缘明显突出圆棱，微显六瓣花形；托圈周围贴塑莲瓣12枚，花瓣相叠，瓣沿微收，瓣尖出筋，精巧雅致，工艺极其精致。托底向内深陷，盏托底部饰铸宫龟纹，圈足直径较大而微外撇，使得基庄稳固，露胎，胎色灰黄，质地密实。

此盏托设计精致巧妙，造型秀丽端庄。通体施青釉，釉色明净淡雅，釉层透明度较高，表面发冰裂纹，系烧造温度较高所致。釉面温润有玻璃感，属宋代耀州窑瓷器的精品之一，具有极高的收藏价值。

此盏托的托盘呈六瓣花形，中起托杯，足微外撇，上下不通，为典型的宋式造型。托心做圆形浅槽以承盏杯，槽边缘明显突出圆棱，微显六瓣花形；托圈周围贴塑莲瓣12枚，花瓣相叠，瓣沿微收，瓣尖出筋，精巧

雅致，工艺极其精致。托底向内深陷，盏托底部饰镂空鱼纹，圈足直径较大而微外撇，使得基座稳固，露胎，胎色灰黄，质地密实。

莲花纹饰在佛教中为崇高、圣洁、光明、纯净的象征，北宋理学家周敦颐极力赞美莲花"出淤泥而不染，濯清涟而不妖"的典雅气质，用莲花来比拟文人士大夫高洁的品性和人格。他对莲花的赞美和佛教对莲花的青睐不谋而合，莲花纹在宋代被赋予了更丰富的内涵。

耀州窑创烧于唐，成熟于五代，鼎盛于宋，其制瓷工艺全面改进和提高，刻花、印花等技术运用娴熟，青瓷烧造步入全盛时期，高档的青瓷精品大量涌现。此时的青釉耀瓷，因釉色呈稳定的橄榄青色，晶莹温润，造型协调规整、精巧秀丽，纹样图案丰富多样、犀利圆活，被赞为"巧如范金，精比琢玉"，成为北方青瓷的代表，后世称其为"宋代刻花青瓷之冠"。

宋代早中期，耀州窑瓷器的装饰以刻花为主，纹饰较为简单，线条宽粗，题材以莲瓣、牡丹、菊花纹等较为常见。如此盏托中的刻花莲瓣纹，宋代耀州窑碗中常见，也见于五代至北宋时期，浙江地区越窑产品，12世纪烧造的高丽青瓷中也有类似，形制都大同小异。

观此器，既可品味耀州青瓷之秀美，亦可窥探千年前窑业之兴盛，艺术价值与历史价值兼具，弥足珍贵。

（图文提供：鲜柯）

目录 CONTENTS

本期专题 ≫

新领导力时代
——未来领导者与领导力

洞见企业成长规律，察觉创新变革真谛。

联系方式：010-58752828-817 微信：s13611264887。

《洞察》微信公众号

本期专题 >>

新领导力时代
——未来领导者与领导力

《洞察》"3+1"论坛第25次活动

特邀嘉宾：

孙健敏：中国人民大学劳动人事学院教授、博士生导师，组织行为研究专家，华夏基石集团领衔专家

彭剑锋：华夏基石集团董事长，中国人民大学教授、博士生导师

苗兆光：华夏基石集团副总裁兼成长企业研究中心总经理

宋杼宸：华夏基石集团副总裁兼企业文化公司总经理

吴越舟：华夏基石集团副总裁

策划主持：尚艳玲，《洞察》主编，华夏基石管理评论公众号主编

开场语 ▼

2018年是中国改革开放40周年，40年来中国经济社会发生了翻天覆地的变化，取得了举世瞩目的成就。其中，中国企业家，尤其是民营企业的企业家以弄潮儿的姿态，立于改革开放大潮的风口浪尖。他们是改革开放的主力军和推动者，也是改革开放的受益者和改革开放的成功标志。那么，值此周年之际，我们能否一起回顾"中国企业家"这一群体的特征？

回顾是为了继续更好地前行。伴随着改革开放诞生并在市场中成长起来的一批企业，普遍进入从机会成长（抓住某个市场需求的机会生存下来）到战略成长、整合成长的转型变革期。

据美国《福布斯》杂志称，中国未来10年内将有3/4的民营家族企业要面临或完成交接班的问题。也就是说，诞生于20世纪80年代初期和90年代初期的我国民营企业，普遍进入从"创一代"到"企二代"的代际传承阶段。代际传承的同时伴随着企业自身商业模式的巨变。这对企业将是艰巨的考验。

传承是一个"技术活儿"。被称为"日本中小企业研究第一人"的日本法政大学教授坂本光司，研究了7000家日本中小企业案例，他的判断是，成功的企业传承和转型变革普遍需要10年时间的动荡和调整。

企业传承其实是企业变革转型的内容之一，而转型变革更是一个"技术+艺术+运气"的活儿。在企业变革的整个过程中，领导人本身的魅力及其领导力，可以说是企业这艘大船的舵盘，方向、速度、节奏、定力、（驾驭）能力，缺一不可，而且还需要将这些要素艺术性地结合起来。此外可能还需要点运气——外部大环境，如行业环境或市场没有出现颠覆性的变化，使得企业转型能有更多一点的时间。

目前很多民营企业备感煎熬，因为一方面企业进入转型变革成长的阶段；另一方面互联网、大数据、智能化等技术带来的变化也在加速，为企业经营带来很多变数。

而且，在技术变化和人的需求变化（孙波语）两大因素影响下，企业组织的领导和管理也正面临着一系列的挑战。

简而言之，就是时代变了，企业发展阶段不同了，对领导的要求不一样了，这是一个需要新领导力的时代。

2016年年底，《洞察》就领导力的话题展开讨论时，提出了一系列重要的观点，比如彭剑锋老师提出："领导力要真正在企业发挥作用，一定是领导团队能相互成就，相互取长补短，通过互补产生乘数效应。互联网时代，尤其要注重团队领导力建设。"苗兆光老师提出："领导者的责任是唤起员工的信心，在企业实践中，领导、机制、管理如何形成'三位一体'的关系是领导力发挥作用的关键。"我们也认为，中国企业发展到今天，也要有世界级企业的信念和领导力。（详细内容请见《洞察》第四十一辑）。

领导力的内涵、领导风格与方式，领导力的修炼方式可能都需要进行相应调整。新领导时代的领导与领导力话题即由此展开。（尚艳玲）

上 篇

回顾三代民营企业家，探寻领导力本质

苗兆光：领导者的责任与变革领导力

苗兆光
华夏基石集团副总裁
兼成长企业研究中心总经理

> " 现在是一个强调个体的时代，企业越是强调个体、权力越是下移，需要的领导力就越强。这是一种均衡，也是一个要处理的悖论。 "

按照德鲁克的思维方式，讨论领导力或者管理时，我们先不要说它是什么样，要先讨论它应该是什么。今天要谈领导者和领导力，那么在组织里，领导究竟应该承担什么责任？

一般来说，领导在组织里主要有以下几项任务：

一是激发信心。对企业来说，最重要的是业务，业务不是一天形成的，是在不断试错中形成的。那么谁来试错？发挥智慧的那个人。这个人通常是企业的领导。员工的信心来自领导，如果一个领导不能让员工相信企业能做大做强，那么机制是不起作用的，股权也没有用，所以，领导要能够激发员工的信心。

二是给予激励。公司里有很多激励机制，但机制不同于激励。机制一方面是激励；另一方面是控制，是把人锁定住。比如一个人给公司投了钱，分红的时候是激励，投钱的过程是控制。万科最早推行事业合伙人时，不是想激励，而是想控制。

因为那几年房地产市场不景气，万科的人被挖走很多，还有很多人想走，于是公司规定以股票代替奖金。所以，**唤起员工的责任心，使员工愿意对企业承担责任，这是激励的目标，本质上也来自领导。**

三是领导变革。2018年9月，我去三星公司调研，三星的干部说，三星的企业家核心职责是变革。公司从一种状态向另一种状态转变是领导者的责任，而职业经理人无法调动资源并进行重构，只能承担成熟的工作。回顾三星历史，1987年李健熙接班，到1993年发动新经营变革，这之间的六年，李健熙一直没什么动作和言论，但三星并没有乱，因为在既定模式下，职业经理人就能够干好。其实在这六年里，李健熙一直在思考三星应该往哪里走。

现在的三星面临同样的问题：李在镕在现有的轨道上做得很好，最大的风险是接班后如何应对环境的变化、技术的变化。三星的干部说，唯一的期望是李在镕想好变革方向以后，中国的市场、中国的企业还能给机会、给时间，同时这也是职业经理人现在最大的担心。所以，在这个大变革的时代，领导者的核心是领导变革。

现在是一个强调个体的时代，企业越是强调个体，权力越是下移，需要的领导力就越强。这是一种均衡，也是一个要处理的悖论。举个例子，美的公司每次在经营上越分权，在其他一些地方就会越集权。1997年到2003年，美的成立了一堆事业部，2001年美的家族完成了对公司的控股。在2001年之前，何享健只有百分之零点几的股权。所以说，美的分权的过程一直伴随着集权：治理权和财务权更集中了。还有小米，这些年，小米在生态链上有一些方面的创新，但同时，小米学福特、学无印良品，继承了过去的单品时代的产品策略。所以，越是强调变化，就越要对过去的优秀成果加以传承；越是强调分布式，就越要加强平台性。所有这些，都对变革领导力能够搞平衡、悖论的能力要求更高。📇

孙健敏："速描"三代企业家，看领导和领导力

孙健敏

中国人民大学劳动人事学院教授、博士生导师
组织行为研究专家
华夏基石集团领衔专家

> 我之所以佩服任正非，一个重要方面就是他在'法、术、势'这三个方面相对比较兼顾，既有制度，玩权术也非常娴熟。

要在改革开放 40 年的大背景下来讨论领导者与领导力，就先来扫描一下领导与领导力在中国"是什么样"。不过，在中国，国企和民企的差异很大；地区之间的差异很大；产业间的差距也很大。我经常讲，中国一直都是企业博物馆，各种企业类型在中国都能找到，所以很难整体概括中国企业和企业家的情况，我们权且以民营企业的企业家为样本，来解一解"领导与领导力"这个命题。

一、三代企业家 "速描"

记得十几年前，《中国企业家》刊登过一期"中国企业家画像"的专题，以第一代民营企业家为主。他们之中有农民，有转业军人，还有蹲过监狱的人，以牟其中为代表。在 20 世纪 80 年代，这些人的显著特点是"光脚的不怕穿鞋的""人有多大胆、地有多大产"。从时间上看，柳传志、张瑞敏、任正非应该算是第一代企业家，但他们的共同特点决定了应该被归为第二代，那就是相对来说受到过一些系统教育，文化素养相对更高，有一些

专业背景。以马云、马化腾、雷军等为代表的企业家是第三代，他们是科班出身，真正受过系统训练，直接或间接与所从事的专业有关联，有的人甚至是这个领域里的专家。

如果这个划分成立，从商业经营领域的选择来看，第一代是农民出身的企业家，简单地说就是万元户；第二代更多是从体制内出来的企业家，相对有些专业，不是完全的拳打脚踢、打擦边球，或者，相对来说是"旁门左道"的经营；第三代是完全按照现代企业的模式运作。而真正从领导力的角度来看的话，这三代企业家本质上差异不是很大。

二、领导者与领导力的本质

应该从两方面来说：领导本身是一种现象，领导的现象到处存在。但是领导者是一个人，是一个位置，只要有人群的地方——两个人以上的人群就需要有一个领导者。作为一个领导者，要解决的问题是激发信心、给予激励、领导变革，更多是角色行为。从这个角度讲，在不同的情景下，每个人都可以是一个领导者。但当大家在一个特定的情景下，没有想法、没有主意，不知道该怎么做

> 一个人要想成为领导者，首先要给别人提供服务。你能够给别人提供服务，别人就依赖你，这个依赖不是因为你的位置，而是因为他需要你、离不开你。

的时候，有人说我们可以这样做，大家都认同，他就有领导力。

我们党一直强调公仆。20世纪90年代，西方也出现了公仆型领导的概念，我很喜欢这个概念，它最基本的定义是：**一个人要想成为领导者，首先要给别人提供服务。**你能够给别人提供服务，别人就依赖你，这个依赖不是因为你的位置，而是因为他需要你、离不开你。

我曾经看过一个故事，说的是西方的一群达官贵人到东方去旅行，雇了一个仆人打点行程，这个仆人非常细心，把这群达官贵人照顾得非常周到，什么都不用他们自己操心。结果有一天，这个仆人走丢了，达官贵人们就都迷失了

方向，变得不知所措。大家突然发现，实际上这个仆人是一个领导者。这个故事告诉我们，"领导"一方面是领，另一方面是解决方向问题，这是领导的本质。这个本质说的是，一个人不管在什么样的位置，都可以领、可以导，给大家一个方向。

从这个角度说，在一个组织里，领导者确实是被下属定义的，下属认同你，你就是领导者；不认同你，你就不是。认不认同，是指是否心服口服。但这个角度不能走极端，一个人不是去哪儿都是领导者，在全球范围里也没有人类共同认可的领导者。

在中国的传统社会文化里，讲究尊卑有别、长幼有序，不在一定位置的人即便能够提出一个好的想法，也是人微言轻，不会引起重视，最后就把领导力和领导者混在了一起。混在一起也可以，那就需要领导者去激发信心、给予激励、领导变革，去影响别人。领导力的本质就是去影响别人，让别人跟着你走或者说按你定的方向走。

三、领导者靠什么影响别人

那么，靠什么来影响？最常见的是行政手段，控制别人的行为，就像老师常对学生们说："坐好了，好好听，谁不好好听罚站。"还可以让别人心甘情愿，最典型的是宗教。在中国传统文化里，还有法家靠制度、规范，儒家靠修身养性，等等。

这个影响靠什么来实现？法家说，法、术、势，三者缺一不可。法，就是制度规则，不管是谁，在制度规则面前人人平等；术，就是权术，也叫领导艺术；势，就是威势，在一个位置上，位高权重。要影响别人必须这"三管齐下"，少一个都不可以。

过去40年，中国企业家对"法、术、势"三者普遍没有平衡好、没有兼顾好，容易走偏。相对来说，最弱的是"法"。我之所以佩服任正非，一个重要方面就是他在这三个方面相对比较兼顾，既有制度，玩权术也非常娴熟。比如，下属犯了错，不找下属，而是把部门经理撤换，逼着下属难受。这就是典型的权术，但是有"一箭双雕"的效果，既考察部门经理有没有担当，也考察下属敢不敢承担责任，如果下属主动承担责任，不但不会受罚，还会得到表扬。另外，到了任正非的位置，适度的低调是有用的，位置越高的人越需要低调，最底层的老百姓则应该高调，因为连"调"都没有，怎么低呢！韩非子讲，对于有一定位置的人来说，要懂得怎么样利用这个位置。这在物理学上叫"势能"，也就是我们通常讲的"气场"。

四、从影响力看企业家的过去和未来

从影响力这个角度来说，三代企业家都可以概括出一些共性的东西。第一代企业家做得不错，但形式上不够高雅，有点土，带点农民习性。任正非所代表的第二代企业家，虽然在一定程度上多多少少也有些农民习性，但还有一些东西超越了那个时代，比如远见、抱负、追求，这些特质是决定中国企业能不能做大做强的根本。我之所以不太看好一些新兴产业的创业者和企业家，主要原因也在于此。

这真的不是唱高调。任正非进入电信领域时，没有说过要做到几千亿元、几万亿元，只是说要在电信设备领域成为世界级的领先企业，这是一个多么了不起的人生抱负和追求。美国的老福特先生创立福特汽车时，没有说要追求多

少财富，要创造多少个亿万富翁，他想的是让美国的工薪阶层都开上小汽车。类似的还有爱迪生、扎克伯格等。这些人不是从赚钱的角度来做事业，只是在这个过程中无意中发了大财，是偶然的亿万富翁。

与此相反，我看到和了解的许多国内企业的创业者，更多则是利益导向。想赚钱不能说是错的，但和事业导向、价值导向相比，确实有差异。20世纪90年代，李东生说，TCL的目标是一年做到1500亿元时，就知道这家企业不容乐观了。方正集团当年提出要打造100个百万富翁时，就知道方正也走不远了。我们可以把钱当作一个副产品，而不能把它作为一个核心追求目标。人生核心的东西是价值追求和价值导向，无论到什么时候，都不会过时。这是必要条件，不是充分条件，没有这个东西的话，也许可以赚大钱，但一定不能真正把企业做大做强。

"财聚人散，人聚财散"，这个话讲的只是一个方面，不是根本。当年我们在华为，从利益共同体转换成命运共同体，要做大文章。一个普遍的问题是，大家通过奋斗，成为富豪，拥有无数财

富，但财富生不带来、死不带走，为什么还需要为之奋斗？中国企业没有根本解决这个问题。

任正非尽管没有完全解决命运共同体是什么、怎么实现的问题，但至少有了比较明确的方向。不否认有相当一部分人是利益导向，来华为就只是淘金，淘到金子就可以走；但是只有认同华为文化、传承华为文化的人才能在华为长期发展，成为所谓的命运共同体。对很多企业来说，如果只是在口号上提倡奋斗、创新、共患难、家文化等，是解决不了根本问题的。

不管是过去还是未来，企业家个人的追求、抱负、远见、影响力，在相当程度上会决定企业能不能做大做强。越是高端人才，越不会被物质和一般的事业吸引。

西方曾总结出魅力型领导的七个特征，在马云、雷军等一些企业家身上表现得很充分。但表现最充分的还是任正非，就算不出门也能遍知天下事，他完全靠"自摸"探索思考，就知道五年以后、十年以后的事。总是折腾、总是变革，三五年就来一次，1997 年，市场部集体辞职；2001 年，带头降薪；2007 年，又是一波辞职……不断地流程再造，不断地折腾，**这些折腾的出发点是思想观念，落脚点是改变思想观念，不断引导新东西出来**。还有就是中国传统文化影响下的个人，在任正非、柳传志、张瑞敏身上，几乎没有漏洞可钻，即便有人想坑他，也找不到把柄，因为他们没有不良嗜好。这是在中国作为领导者的基本条件。🆔

彭剑锋：传统文化视角下的领导力

彭剑锋
华夏基石集团董事长
中国人民大学教授、博士生导师

> 禅宗既强调使命、价值观牵引，又强调制度，同时还强调授权，兼具儒道法，是中国文化的集大成，具备综合影响力、有系统的影响力。

领导力就是影响他人实现目标的能力。这是德鲁克的定义，是最准确的定义。从组织的角度讲，你能够影响他人实现目标，你就是领导，哪怕你只是个小人物。

那么，领导者怎么实现领导力，即影响力？我们从中国传统文化找找答案。

一、儒、道、法、禅四种思想下的领导者

儒家：道德影响力。儒家强调道德影响力，提倡修身养性，对自己要求很严格。中国企业家里最具道德影响力的有两个人：张瑞敏和柳传志。我们为联想做文化项目时，深入访谈了包括柳传志在内的数十位高管，对柳传志身上体现出的儒家特质深为敬佩。最"干净"的是张瑞敏。我当了海尔 10 年的专家董事，访问了几十个人，张瑞敏什么绯闻都没有，从来不去歌厅、桑拿；早八点上班、晚八点下班，几十年如一日；酷爱读书，在他身上挑不出任何毛病，这就是修身养性，靠的是道德影响力。

道家：自然影响力。综观中国文化，中国人

内心深处追求做知识分子，知识分子都是讲儒家思想，但儒家思想从来没落地，落地的是道家思想。真正对中国人思想影响最深的是庄子，他讲的逍遥、自我自在、与世无争，是中国老百姓内心里推崇的，是融到骨子里的东西。中国人之所以很难组织起来，本质上是因为个人主义，与小农经济没有关系，与中国文化有关系。

法家：威权影响力。 真正到了操作层面，最成功的是法家。法家是"帝王之术"，讲究威权影响力。中国从秦始皇开始，凡是国家强大全靠威权，威权带来富国强兵，而且客观地讲，管住老百姓最有效的方法就是威权。但出思想一定是在没有威权的时候，国力不行，甚至战乱的时候。我们所认为的威权和西方的威权是不一样的，西方讲制度、讲规则，讲法、理、情，"法"在前；我们讲的是情、理、法或者法、术、势，实际上"术"在前、"法"在后。在中国历史上，在操作层面上，真正影响最大的、真正能富国强兵的都是法家，都有个具备个人影响力、个人威权的集权型领导。

禅宗：综合影响力。 能够把中国人管好的，我认为是禅宗。禅宗既强调使命、价值观牵引，又强调制度，同时还强调授权，兼具儒道法，是中国文化的集大成，具备综合影响力、有系统的影响力。领导的本质实际上就是把儒家思想、道家思想、法家思想融为一体。任正非是带有禅宗思想的，在他身上存在着多重人格，这就是西方国家正在研究的领导者对矛盾的驾驭能力，赶时髦的话叫量子领导力。量子领导力强调的是，任何人没有截然相反的善恶之分，即一体两面，该用善的时候就用善，该用恶的时候就用恶，取决于价值观和环境的变化。一个人如果完全是恶的，最终走不远；但如果要做纯粹的善人，也是有问题的。一是很难；二是境界太高，一般人学不了也达不到；三是做纯粹的善人、圣人，未必能把企业经营好。凡是要做"圣人"的，企业内部都缺乏创新，比较守成，因而活力不足。实际上，人是善恶的矛盾统一体，领导者发挥影响力既要通人性，又要讲规则。

只是很可惜，禅宗思想在宋代以后就断代了，反倒是被日本学了过去，现在又在美国发扬光大。蒙古灭宋后，洗掉的还有禅宗文化。现在中国人的传统文化已经不算是正宗的文化，中国人身上的一些优点也不是中华民族优秀品质的传承，而是多少带有落后文化的传承。从这一点上来讲，我们的文化在某种程度、某些方面来说断代了。

二、数字化、智能化时代，中国文化能焕发新能量

为什么工业文明没有产生在中国，而是产生在西方？

从文化方面看，中国出思想，但不出逻辑，而且是比较典型的实用主义。在西方，从苏格拉底到柏拉图到亚里士多德，形成了严密的形式逻辑，有了形式逻辑就有了严密的系统方法论，两者为工业发展奠定了哲学基础，最终形成西方的工业文明。

几千年的文化根基，中国没有产生工业文明，但为什么现在又充满希望呢？

因为到了**数字化、智能化时代，强调的是跨界，不再是二元对立思维**。西方是唯神论，信奉唯一的神，是二元对立思维，这是西方理性的基础，也是西方工业文明的基础。中国历史上从来没有唯神论，顶多是多神论。

> 中国历史是跨界融合、包容开放的历史，思想上讲求回归人性、回归自然，讲自驱动。这些文化根基是符合数字化时代和智能化时代的，符合所有的管理原则。

中国历史是跨界融合、包容开放的历史，思想上讲求回归人性、回归自然，讲自驱动。这些文化根基符合数字化时代和智能化时代，符合所有的管理原则。从这个角度讲，中华民族传统文化的精髓，是符合后工业文明时期的管理伦理的，这是一种文化自信。

我最近经常讲，我们不用害怕特朗普政府，为什么？因为你仔细研究一下会发现，特朗普言行所反映出来的思维其实还是二元对立思维，是冷战思维。但现在时代不同了，现在是智能化时代，需要的是交叉融合的思维，你中有我、我中有你的量子思维，是开放合作、包

容共生的生态思维。特朗普还在用二元对立思维来对付中国，在思维方式和领导力上就已经落后了。

三、时代呼唤灰度领导力

灰度领导力，就是西方研究者提出的矛盾领导力、悖论领导力，要求既要有愿景使命驱动，又要有跨界融合思维和驾驭各种复杂矛盾的能力，正确把握好度。这种能力对于领导者的要求提高了。

未来，改变全球的是5G，5G会使得物体开始有灵性，回到禅宗讲的"一花一世界，一叶一菩提"。当所有物体都有灵性，企业的竞争点就是每个物体都会产生的大数据。谁拥有数据资产，谁就拥有一切。比如说，谁掌握了马桶，谁可能就掌握了未来。因为在触摸技术、感触技术之下，以后的马桶就是一台人体健康检测仪，每天都可能监测人体健康指数。再比如，我们去亚马逊，一进门，你的眼睛朝哪个方向看，都能够产生对你个性和决策方式的清晰的大数据描述。现在在任何一个角落都有摄像头，未来就可以把你的数据融入大数据里去。大数据让人无处可躲，物联网让人变得透明。这就是5G以后的物联网世界：既要透明又要不透明；既要威权又要放权；道德被照到天花板上，但又要接地气。

你没有全方位的相关平衡能力，没有错综复杂矛盾的驾驭能力，就当不成领导。人是复杂的一体两面，未来要走向西方的复杂生态，领导者也是复杂的，要具有不分黑白对立的思维。有的时候需要三成善七成恶，有的时候需要七成善三成恶，要有度。 📖

下 篇
未来领导者与领导力

孙健敏：未来领导者的三个核心素质

现在对未来的描述，新名词很多，比如大数据、物联网、区块链、众筹、平台化、共享经济，等等。不管是什么产业方向、业务模式，在未来，对于企业的领导者，我认为有三个方面的素质是需要具备的。

一是个人的责任感。 具体到企业，就是社会责任感会变得越来越突出。作为企业家，真的不仅仅是为几个人谋福利，而是要为整个社会造福。只有这样，才会在大的框架、格局里去经营布局，而不是机会导向下的野蛮生长。企业升级换代要体现在追求上，要有社会责任，要在遵纪守法的前提下创新经营模式、管理方式，进而盈利。

这对于未来的创业和经营可能都是一个挑战，比如共享单车，不否认这个想法很好，但它自诞生时，社会责任感就比较弱，因为没有考虑到环境问题，没有考虑到几年后这些单车怎么处理。这些问题靠制度、靠法律防不胜防，是堵不住的，只要靠企业家的个人自觉。法律和制度肯定需要强化，但道德底线要靠个人自觉。

在西方，不是所有人都信仰宗教，但相对来说，整个社会有宗教基础。在中国，"五四运动"以前，修身养性的文化是起作用的，之后就相对弱了。华为好就好在，制度和文化两个方面一直在同时强化，一直在超前引导，没有短板。

二是要有平衡能力。 在我们国家，可持续性不太好的一个表现是：大家都很累，天天在加班。要让大家活得更轻松一些，更舒服一些地去创造价值，这对于一个领导者全方位的、综合平衡的能力要求更高。过去，一个领导者可以是某个方面优秀的业务人员；未来，一个领导者，特别是创业的领导者，更需要具备全方位的平衡能力。

按照西方的说法，所有的利益相关者都要兼顾，包括员工、客户、股东、社会，等等。在具体工作的平衡上，就像华为的灰度管理，不仅仅在内部，在整个外部也要把握好度。比如考虑客户时，对股东可能就会有一些损失，考虑股东时就可能会损失客户的一些利益。所以，怎么样平衡包括了方方面面。**这里就要用到西方最近发展、中国人早就有的一个概念——矛盾领导或者叫悖论领导。**

就是说，一个领导人一定是两面的，而不是单一的一面，一面非常善良，另一面非常狠；这边看到他的温和，那边看到他的暴躁。这一特点在任正非身上表现得很充分，涉及思想观念问题、人的问题时，他不轻易放权；但是在财物和业务上，彻底放开，这一下就可以让手下的人找到感觉。现在的轮值 CEO 制度也是如此，一方面在考察人，另一方面让每个人都找到感觉。

柳传志也是如此，按照他的说法是，我有把握的时候你就照我说的去做；我说服不了你，你也说服不了我的时候，你可以去做，但要承担后果。一方面授权，另一方面专权，看似矛盾，但可以游刃有余，在矛盾中保持平衡。这与全方位平衡不完全一样，全方位平衡是指做事情，矛盾领导、悖论领导更多的是思维方式和价值观，一个成功的领导者身上相对会表现出矛盾性。

三是要有包容胸怀。按照中国的阴阳理论，事情没有绝对的是或者不是对或错，而取决于什么情境下针对什么人，不能用固有的方式针对所有人。这在相当程度上要靠个人修炼。黑白分明、是非分明，眼睛里不容沙子，好就是好、不好就是不好，你不好我就不跟你往来等这些，相对来说就是不够包容。不够包容，更多的不是能力问题，而是胸怀问题。

权术和技巧也是如此，领导者一定需要有一定的技巧，能够在矛盾中把握平衡。任正非是在外面低调，在公司高调；公司好的时候低调，公司不景气的时候高调，看起来很矛盾，实际上他考虑的是三五年以后的事。这些最终都落在个人修养和锻炼上，在这个前提下，业务方面也会有差异。

总的来说，不管时代怎么变，以上这些企业"主旋律"是基础的东西，没有这些不会长久，有了这些不见得长久，但是再加上别的东西，可能就能更长久一些、更长远一些。📱

宋柕宸：价值观领导未来

宋柕宸
华夏基石集团副总裁
兼企业文化公司总经理

领导力，我的理解是领导人＋力，这个"力"的内涵根据时代的特征、企业的要求是会发生变化的。改革开放早期，领导者借力的时代，简单直白地说，那个时候更多借的是"蛮力"（比如能搞来资源的领导人就有领导力）。现在的企业家也是借力，但基本上是借智力。中国进入到互联网时代以后，大数据、信息化、智能化等构成了新的场景，这个场景对领导力有了新的要求。

一、领导力就是影响力

任何企业的兴衰都源自领导力。基于价值观的领导和领导力更能领导未来。

我们经常把英文的"Leader"翻译为"领袖"或"领导者"，把"Leadership"翻译成"领导力"。其实"Leadership"这个抽象的概念很多时候不光是说领导技能技巧，更是相当强调品性价值观的内涵、精神层面的影响与带领——能够促使众人挑战现状、推动变革。

领导力就是影响力，影响力就是气场、能量场，不存在技巧，但有方式。一个人有了影响力之后，大家心甘情愿地为他做事情。领导力不是一种能力，而是一种力量、一种势。当一个人对别人具有影响力的时候，别人愿意追随他的时候，这个团队不一定会成功，但基本上是有希望的。这个时候，这个人就具有了领导力，同时，他就会成为显性的或者隐性的领导者。在很多亚文化里，有的人虽然没有一官半职，但他的号召力强，那么他就是领导者，因为他有影响力。

领导力是领导者凭借其个人素质的综合作用在一定条件下对特定个人或组织所产生的人格凝聚力和感召力，是保持组织卓越成长和可持续发展的重要驱动力。

之所以说基于价值观的领导和领导力更能领导未来，是指这个领导者会把自己的价值观融入企业的管理经营、队伍建设、事业发展各方面，使员工的价值观趋同，形成公司的整体文化，这对于企业的管理和发展都有重大的意义。

二、新领导力时代需要基于价值观的领导力

2018 年，中国企业联合会邀请华夏基石一起合作研究中国企业家精神测评指标体系，现在还在讨论中。我个人有个建议是：评估企业家精神不能完全以在位的、成功的企业家为标杆。中国的企业家精神是很多人牺牲了个人而成全的，他们可能不在位了，可能企业失败了，但并不能因此而忽视他们身上的企业家精神。比如黄光裕难道就没有企业家精神吗？

很多企业家不在位子上了，但是他们的思想仍然在影响着企业，因为企业家和企业家精神发挥作用的背后其实是思想和价值观。所以我建议，评估企业家精神应该有一项重要指标就是价值观管理，即如何形成基于价值观的领导和领导力、如何影响别人。要影响别人，首先要影响别人的思维，而要影响别人的思维，前提是人格富有魅力，核心是要坚持基于价值观的管理。

1. 基于价值观的领导力内涵

一是要有自己"明确而不含糊"的价值观，并且要能以这个价值观来影响团队和个人。在企业中，领导具备的价值观应该是明确的、崇高的。"明确而不含糊"的价值观才能真正注入并影响企业；"崇高"的价值观才能赢得下属的认可和信任，让下属有信心并且乐于追随。所谓的成功，是企业的生存对社

会的贡献追求大于对利润的追求。

二是把价值观融入企业。企业家要有自己独特的经营理念，并确保这种价值观融入企业经营管理和团队建设上。一方面，是通过制度来固化，华为就是通过制度把价值观落地的典型。另一方面，是通过制定战略把价值观融入公司的经营管理实践中去，成为员工自发的行为和判断对错的依据。华为的以奋斗者为本的管理纲要、以客户为中心的经营纲要，就是把核心价值观融入公司的经营管理中了。

三是必须有取舍、会取舍。企业在制定经营战略和实践经营过程中，除了要确定经营是抓还是放之外，还应该在价值观上判断应不应该做。一个企业有的时候在经营上是对的，是挣钱的，但在价值观上是错的。我一直跟百度打交道，有位百度高管问我如何看待陆奇离开百度？我说，因为你们公司没有价值观。百度和谷歌是一块儿做起来的，谷歌做的都是对人类有意义的事情，百度只是在做赚钱的事。有的事从经营上来看可以做，但从价值观上判断就不应该做。

2. 基于价值观的领导力要掌握几条原则

具体来说，基于价值观的领导或领导力应掌握如下原则或处理好如下关系。

一是愿景引领发展。《基业长青》指出，那些真正能够留名千古的宏伟基业都有一个共同点：有令人振奋，并可以帮助员工做重要决定的"愿景"。

愿景就是公司对自身长远发展和终极目标的规划和描述。在不确定时代，愿景对于凝聚人心和指引方向的重要性不言而喻。能开发出清晰的未来愿景，确定前进方向，并善于把这种愿景规划与下属进行交流，会指引企业或团队在风险和挑战面前，对自己所从事的事业拥有坚定的、持久的信心，在复杂的情况下，从大局、从长远出发，果断决策，从容应对。

二是信念重于业绩。每一个企业的领导者都应当把坚持正确的信念和价值观放在所有工作的第一位，它可以带给企业可持续发展的机会；反之，如果把全部精力放在追求短期指标上，虽然有机会获得一时的成绩，却可能导致企业发展方向的偏差，使企业很快丧失继续发展的动力。

三是人才优先战略。对于当今的企业管理者而言，人才甚至比企业战略本身更为重要。因为有了杰出的人才，企业才能在市场上有所作为，管理者才能真正拥有一个管理者应有的价值。没有人才的支持，无论是多么宏伟的蓝图，多么引人注目的企业战略，都无法得以真正实施，无法取得最终的成功。

四是团队大于个人。在任何一家成功的企业中，团队利益总要高过个人。企业中的任何一级管理者都应当将全公司的利益放在第一位，部门利益其次，个人利益放在最后。因为如果公司无法在整体战略方向上取得成功，公司内部的任何一个部门，任何一个团队就无法获得真正的成功，而团队无法成功的话，团队中的任何个人也不可能取得哪怕是一丁点儿的成功。

五是授权优于命令。今天是一个信息时代，人人都拥有足够的信息，人人都拥有决策和选择的权利。将选择权、行动权、决策权部分地甚至全部地下放给员工，给员工更多的空间，充分地调动员工本人的积极性，最大限度地释放他们的潜力。这样的管理方式将逐渐成为21世纪企业管理的主流。

六是信任好于权威。在企业管理的过程中，尽管分工不同，但领导者和员工应该处于平等的地位，平等的基础是信任。比如重视和鼓励员工参与，与员工共同制定团队的工作目标，让员工有强烈的参与感和认同感，会因为被尊重而拥有更多的责任心。只有这样才能营造出积极向上、同心协力的工作氛围。

七是理智强于激情。领导者应善于在工作中自觉地、理智地进行自省、自控和自律。管理者应该对自己的能力有充分地认识和理解，清醒地知道自己的长处和不足，明白哪些事情是自己擅长的，哪些事情是自己办不到的。

领导者应善于自我批判和反思。能够从过去成功以及失败的经历中，总结、提炼经验教训，以确保继续成功，或者避免再次失败。这个过程绝不是被动的，或者是"填鸭式"的吸收过程，而是一个发挥主动性、创造性的过程。

八是创新推动超越。不创新，无未来。现代科技的发展、互联网时代的信息支撑，要求企业以创新挑战未来。不进则退，不进则死。卓越的领导者应该让创新成为企业自身的基因，推动创新，抢占超越竞争对手的先机，实现企业的可持续发展。

这几个原则，这几个方法，是成为有价值观的领导和成就领导力的有效途径。

吴越舟：创变力与战略定力的平衡原则

吴越舟
华夏基石集团副总裁

> 战略定力和创变力的匹配和选择是决定企业家领导力的关键点。为此，企业家必须平衡好创变力与战略定力的关系。

具体来讲，创变力是企业家在互联网时代，应对动态、复杂、模糊的不确定环境，所应具备的引领新方向、开拓新领域、创造新局面的能力。是在识变、抓变的基础上，进一步创造有利于企业发展的未来前景，是用前瞻的未来愿景规划以创造现实，把未来融入现实。这是一种认知方式的革命，打破了现实与未来的界限，未来就在现实的努力中，现实的努力就是实现着即将发生着的未来。

在企业家运用创变力、创造新境界的过程中，往往会受到新的变化因素的影响、诱导、诱惑，造成误判，进而动摇企业家的决心和信心，造成行动逐渐偏离最初确定的目标和方向，特别是对于处于技术领先的企业，如果企业家缺乏足够的战略定力，就会使最初的战略方向和目标在执行的过程中，面目全非，最终错失机遇，走上发展的岔道。

可以说，战略定力和创变力的匹配和选择是决定企业家领导力的关键点。为此，企业家必须平衡好创变力与战略定力的关系，这就需要把握以下三个原则。

一、价值原则

怎么判断创变力和战略定力这对矛盾，谁在前，谁在后；谁为重，谁为次；什么时候这个发力，什么时候那个发力？第一原则就是价值原则，既企业在为谁创造价值，如何创造价值。企业有长远的发展，应实现社会价值、客户价值、企业价值的统一。企业家什么时候大胆地创变，什么时候毫不动摇地坚守既定方向和目标，都可以在价值原则面前进行衡量。

价值原则的三个方面，社会价值、市场客户价值和企业价值是有排序的，国家、时代是大生态，客户是中生态，企业是小生态。大生态决定中生态，中生态决定小生态。

社会价值，即企业选定的方向符合当前社会发展的潮流和趋势，符合国家政策的导向，这是企业生存与发展的大方向、大环境。

2015 年，深圳汇川技术有限公司毫不犹豫地进入新能源汽车领域，2017 年，又大规模地布局智能制造领域，确定了未来 5 年的战略目标，即到 2023 年，力争成为"智能制造之王、新能源汽车之王"。"双王"目标的确定，将可能创造汇川公司新的发展格局，这就是该企业的领导人确定战略目标时，使其符合国家经济发展新动能的战略方针，做出的主动战略抉择。可以说，企业家的战略选择要与时代趋势、经济发展、政策导向同频共振，才能创造社会价值。

客户价值，即企业的技术、产品、服务要为客户设身处地解决问题，创造价值，而且要为客户创造相对于市场和竞争对手更加领先的价值，帮助客户实现领先价值。深圳汇川技术有限公司在 2003 年创业之初，在考虑生存问题时，创业团队就统一了思想，不走同行的低价之路，要着眼于为客户创造更多的新价值，2008 年，实现了从单一产品到综合解决方案的转变，以更多的性能价值，引领市场和客户。

企业价值，即要让企业的资源实现最大价值，促进企业的发展，其中最重要的是实现人的价值，有利于培养具有使命、责任、能力和激情的人才。

二、简约原则

简约原则，即人总是希望用最少投入获得最大的回报，少投入，多回报。

> 怎么判断创变力和战略定力这对矛盾，第一原则就是价值原则，既企业在为谁创造价值，如何创造价值。

生活如此，工作如此。在某种意义上说，人类的每一次技术创新都是试图"偷懒"的产物，以代替人类某方面的大量付出，而获取便捷的美好生活。简约原则体现为两个方面。

一是对客户。对于企业的客户来说，追求的是便捷、简单、实用、智能的技术和产品，用简单有效的手段或产品解决复杂的难题。具有创变精神的企业家，从客户的这一本性出发，需要自身承担复杂、烦琐的过程，打造简单、实用的产品，给客户呈现出简单、好用的体验，并考虑美学要求，做到满足审美的要求和感受。在当前我国市场消费需求升级的大背景下，还要求产品的个性化，甚至定制化，这一需求永恒，这就是企业家在战略定力下创变的市场方向。

二是对员工。对于企业的员工来说，追求是自身价值实现的最大化，他们会考虑自身行为的结果，追求长远的目标，具有自身的价值取向，在付出自身努力时，会选择投入的程度。为此，创变力与战略定力的平衡，还必须考虑与企业员工现状的匹配。深圳汇川技术有限公司在投入新项目时，会考虑三个因素：有没有价值；有没有人愿意做；愿意做的人有没有能力做。同时具备这三个因素，才具有做的现实性。不具备这三个条件，创变只是空中阁楼，无法落地。此时，不选择、保持定力就成为一种明智的选择了。

三、统筹原则

统筹原则是一个拿捏的过程，有三个层面：空间上的结构、时间上的节奏以及组织上的基因或者叫人性上的基因。前面两个原则是最主要的，最后一个原则实际上在拿捏、排序、匹配。现在国内研究创变力和战略定力的文章很多，但把两者融为一体的文章并不多，但这是新一代企业家必须面对的命题。

如何应对？把传承和创新统一起来。

首先，要统筹利弊。选择比努力重要，企业家的战略选择，不仅是选择做什么，也是选择不做什么，放弃什么。选择也意味着放弃，这就要考虑四个方面的利处：选择做什么，有什么利处，又有什么弊处；选择放弃，有什么利处，又有什么弊处。统筹考虑这四种利弊之处，可形成对模糊状态下清晰的对发展趋势的洞察。

其次，要统筹时间要素，即统筹当前与长远的关系。长远是着眼点，当前是着力点，需要保持长远方向的大致明确，更需要当前的坚定努力。要符合当前与长远的一致性原则。

再次，要统筹空间要素。即统筹局部与全局的关系。常态下，全局推进，局部重点突破；而在互联网时代，局部重点突破的重要性大大增强，某一技术创新、某一"爆款"产品，就会改变某些企业、某些行业，甚至人类的生活方式，更需要企业家去关注局部可能的突破，以点带面。

最后，要统筹企业发展方向与企业使命、愿景、价值观的关系。企业的使命和价值观，是企业家创变的总方向，也是保持战略定力的力量之源，在这一点上，企业家的创变力与战略定力实现了高度的统一，企业家必须让企业的使命、愿景、价值观深入骨髓，融入每名员工的灵魂。

汇川的老板说，做一件事，未来有没有价值、有没有发展空间是第一因素；有没有人愿意做，是第二因素；第三因素是能力够不够，能力包括营销界面的能力和研发界面的能力。**汇川进入了几十个行业，每进入一个行业都设一个"行长"，这个"行长"必须有15年以上的技术背景，还得有1~2年的市场经验。**因为他们做的是技术密集型产品，所以需要把技术和市场打通作为一个重要的支点。汇川认为所有的机械类设备都包括三个系统：控制系统、动力系统、机械传动系统。汇川的强项在于动力系统，但他们会研究与选择各个细分行业，是否处于技术变革与升级阶段，之后选择目标细分行业中专长于"控制系统"的"老二"进行参股合作,签订周期性增长"对赌"协议。"控制系统"的老大一般规模较大,难以合作,通过与细分行业控制器"老二",或"老三"的深度联盟,完成与引领一个行业的整体技术升级。

运用上述判别原则,在剧变的不确定环境中,企业家需确定变与不变的界限与尺度,符合的要大胆创变,与这一原则相违背的因素,一般属于诱惑因素、干扰因素,都要坚决摒弃,保持坚韧的战略定力。🏠

圆桌讨论 ▼

领导者的信仰与领导力

尚艳玲： 我了解到，很多企业家都是有宗教信仰的，比如福耀玻璃的曹德旺、海航的陈峰、顺丰的王卫都是佛教徒，未来信仰的力量，或者说价值追求的力量是不是领导力中的一种主要力量？

宋柘宸： 任何企业提供产品或者服务，背后都分为两个阶段。张瑞敏最开始承包电器厂时，是想让大家富裕，后来都进入了一定的状态下，就有了理想，就要通过某种方式实现他的信仰。产品和服务是一个载体，是表现形式或者实现手段。

孙健敏： 这与价值观分不开。你信什么东西，本身就是价值观的体现，至于是信基督还是信释迦牟尼并不重要，**值得信或者不值得信才是核心**。为了修身养性，还是为了身体健康，为了家庭幸福，还是为了民族复兴，体现出来的是做人做事的原则，是你的价值追求。

很多没赚钱的人喜欢说"神马都是浮云"，而赚了钱的人从来不这样说，是因为赚了钱的人会发现他真的可以做一些事情。所以说到最后，还是追求什么的问题。

价值观不是一个空的东西，信仰也不是空的东西，它一定会体现在日常行为、做人做事的方式上。比如说，你为什么要组织一场研讨会？后面是有逻辑的，这个逻辑你不见得能说清楚，甚至都没想过。那么问题就出来了：一个人做事情时，要动员一批人去做，还得让大家心往一处想、劲往一块使，心甘情愿去参与，就必须得说清楚。如果没有说清楚，只是依据个人经验判断事情的价值，那么你的价值观就出来了。

有的人说：讨论没有用，直接告诉我怎么做就行了，这是他的价值观，更多关注的是做什么。但如果逻辑上没说通，做了也是瞎做，是知其然不知其所以然。**体现在企业管理制度上，不是你说出来的东西，而是你所做的事情，反映出你的价值观、你的追求、你的抱负。**

宋杼宸：为什么办研讨会？是因为你认为这样做对很多企业有用。为什么有用？是因为你一直在做对企业有用的事，希望能够给企业带来有价值的东西，这是最基本的价值观。所以会组织各种主题的讨论，而这种讨论可能会对企业有帮助，这就够了，背后是有一定的价值观引导驱使的。

苗兆光：我们这个时代的问题在于：利益强调得多了，物质力多了。其实背后应该由价值来驱动。

"三个共同体"与领导力

尚艳玲：我们一直在说企业组织要打造三个共同体——利益共同体、事业共同体和命运共同体。那么，三者之间是一种什么关系？领导者如何驾驭这三种共同体？

孙健敏：**价值观统领全部**，包括这三个共同体，而三者既有阶段性，也是并存不悖的。我经常拿我的母亲做比喻，她没有受过高等教育，是个小学毕业生，但她的一生是有追求的，她追求的是让她身边的三个男人——父亲、丈夫、儿子，活得比她好，只要这三个男人健康开心，她比谁都幸福；只要这三个男人，哪怕有一个人不舒服，给她多少钱都不行。所以说，**价值观不是有没有的问题，**而是是什么的问题。

利益共同体肯定是前提，干了半天活儿，最后连温饱都没解决，肯定不合适。但同样是温饱问题，可能不同的人在不同的阶段标准不一样，比如什么是健康食品？本身就有价值标准。所谓事业，只是你干了一件事，还是仅仅是一种手段、一个渠道，还是在追求价值，这是不一样的，根源在背后，做事只是表现。

宋杼宸：一家小企业的老板跟我说，员工要与事业构成共同体。我说，这是不可能的，70% 的员工是为了谋生，你能把他们拢在利益共同体上就不错了。

两者的区别是：为了利益，大家可以一起奔，但是不会考虑价值判断标准，只要利益是合理的就可以。而事业共同体是指，除了利益之外，要把这件事情当成事业来做，有一定的目标，为此可以牺牲短期利益。更高的是命运共同体，当企业做到一定程度后，大家绑在一起，让自己成为企业的主人，以企业的命运成为自己的命运。一些老板想让公司的所有员工成为命运共同体，这是不可能的，这是连合伙人都做不到的事情。

尚艳玲：共同体涉及领导力的问题。就像有句话说的，"人饿着的时候只有一个愿望，吃饱了之后就生出无数个愿望"，有的人在创业阶段可以构成共同体，企业做大了就不一定能结成共同体了，因为有

钱之后会生出无数个欲望，而且每个人的欲望还不一样。这个时候怎么办？

苗兆光：小米是事业合伙人，属于人生路上一段时间的同路人，小米上市以后，很多人的事业就完成了。事业到了一定阶段，大家可以基于共同的价值观成就更高的事业，这叫命运共同体，往往还可以再产生新的事业。

孙健敏：这个时候领导力才出来，事业发展过程中需要有人引导不断地追求更高的事业，或者新事业。

吴越舟：有些人跟不上了就层层淘汰，是从物质到精神的演进过程。

尚艳玲：核心不变的是什么？

吴越舟：是对更高价值的追求。

如何发现未来领导者

尚艳玲：正如刚才有老师讲到，领导力的模型很多，模型是建立在很多假设上的，但在当前多变的时代下，感觉有很多无法假设的。过去我们可以根据这个人过

往的成绩、作为来判断，那么要预先发现未来的领导，有什么判断标准？

苗兆光：我们可以从传承的角度得到一些启发，看一看方洪波和何享健的

例子。何享健退休的时候送给方洪波四个字，"做人低调，做事爽利"。我们看看美的的低调，2001 年到 2006 年美的完成了 MBO，从家族股权的零点几，到 30%，甚至到 50%，这个时间没人知道，没有那么多人关注它。美的从 2011 年到 2014 年裁员了 7 万人，没人关注。**低调，是企业应对变革的能力很强；爽利，则是大刀阔斧，该怎么干就怎么干。**何享健搭的班子已经走光了，现在这代班子是重建的，关键时候还是很爽利的。这些人走之前，为了稳定中层，做了三拨股权激励，这就是变革。在变化的时候，平衡能力很强。这是一个特质，**变革性的领导力很关键，变革中处理矛盾的平衡力是关键。**

尚艳玲：如果我们要在现任的企业家中找到一个未来领导者典型代表的话……

宋杼宸：这个是没法预测的。任正非的接班人可能跟任正非不一样，但他不一定就没有领导华为的能力，他只要能领导华为，他就有领导力。

苗兆光：代表未来的一定不是现在成功的这拨人，他们是已经证明了的过去。领导力是能力，能力是可以获得的，但也可以失去。假如让任正非再重新做

一个华为，有可能吗？他获得的过程也是失去的过程，他具备现在的领导力，能够代表华为，但创业时展现的领导力可能已经没有了。

宋杼宸：面临不确定的时代，只能说领导力要具备哪些基本特征或能力。比如说，愿景管理是一个，创新应变是一个，生态型组织管理也是一个，等等，但是这些都落在具体的管理能力上。领导力是不是能力？需要商榷。领导、领导者、领导力是三个不同的范畴，有些人具备创新能力、应变能力等，但并不代表他在团队中有领导力。领导能力和领导力不是一个概念，领导能力可以后天取得，但领导力是一种势，是一种气场，是通过独有的人格魅力形成的。

孙健敏：不能准确预测，但可以合理想象。比如在未来，社会责任感可能是相对更重要的东西，虽然说起来好像不新鲜。另外，还需要全方位平衡能力，包括驾驭矛盾。回到个人身上，一个领导者的个人修炼和修养，不管到什么时候都不可或缺。一个人的品行不好，也许短时间内会忽悠到一批人，但时间一长，日久见人心，最后不可长久。

那么，未来没有差异吗？有。领导能

力和领导力的区分，差异是在方式方法上。让别人接受你的东西，过去靠行政、专权、威权，未来可能更需要平等对话、以理服人、以情动人。虽然在手段和方法上可以最后拍板，但一定要让大家都从内心里服你。原因是现在选择的机会很多，以前没有地方跑，现在的话，如果不能让人信服，人就跑掉了。方式方法上应该有一些差异，可以是纯技术，也可以是艺术方面，但本质的东西不会变。

从历史上看，那些成功的领导者身上一定有一些特质，让今天的人、未来的人仍然接受，关键是用什么方式方法让人接受。但不管用什么方法，一方面要引导价值观统一；另一方面是制度要规范，必须两条腿走路。领导者个人的特征是体现在制度、规则、实践上的，不能完全靠个人魅力。所谓"君可废而君道不可废"，这一朝的"臣"在相当程度上应该延续上一朝的制度，这样才有延续性；否则，换了人，连制度也换了，规则也改了，就永远找不到方向，最后容易走偏。

简单来说，就是本质上的东西不会变，但是在方式方法上肯定会有一些变化。□

访 谈 ▼

彭剑锋：40 年，三代企业家之印象与未来领导力

■ 作者 | 尚艳玲

三代企业家印象

尚艳玲：彭老师，您好！前次《洞察》组织"3+1"论坛第 25 次活动，主题是在改革开放 40 年背景下再论领导者与领导力，因为与您的其他活动交叠了，当时有一些问题还没有谈到，所以此次想补充采访您。最近，《人民日报》发布了一个"改革开放 40 年百名杰出民营企业家名单"，作为中国本土企业管理咨询业的开拓者，改革开放 40 年中国企业发展的见证者、参与者，您可以说是见证了中国民营企业的成长，并且与一大批企业家有过深度的接触，所以能否请您重点谈谈您印象中的中国企业家群体？

彭剑锋：这个问题时间跨度有点大，我想想从哪里开始说起。其实第一代真正的民营企业家还是要从 1992 年邓小平南方讲话以后算起。1992 年以后，中

国企业真正进入了市场化进程，为中国民营企业家的成长和发展提供了一个很好的制度环境和舆论环境。舆论环境是大家呼唤企业家精神，那时候政府也有很多官员下海创业，很多国有企业的干部也下海了。

事实上，第一轮"下海潮"队伍就是由国有企业干部、政府官员组成的。何享健、任正非、柳传志、王石、李东生等，这一拨企业家有的是从政府部门走出来的，有的是脱胎于国企或集体企业，也有的是纯粹自主创业。在他们之中产生了一批代表性人物，如从政府机关和国有企业走出来的王石、任正非、柳传志、李东生等；脱胎于集体企业的如鲁冠球、宗庆后、张瑞敏；纯粹自主创业的如新希望的刘永好三兄弟，温氏的温北英、温鹏程父子，苏宁的张近东，传化集团的徐传化、徐冠巨父子，山东

六和集团的张唐芝，福耀玻璃的曹德旺，顺丰集团的王卫等，都是这一时期产生的有代表性的优秀企业家。

那么要说这批民营企业家的特点，高度概括的话，我觉得这么几点体现得比较鲜明。

一是这些民营企业家个性鲜明，个人特征比较突出，有超强的人格魅力。

二是在领导风格上相对集权。

三是有驾驭各种复杂矛盾关系的能力。

四是他们熟悉和了解体制。

五是领导方式带一点政治式、运动式，在企业内部会搞一些革命式、运动式的变革。

六是学习能力非常强。

尚艳玲：从吉利汽车的李书福身上似乎也能体现出那一代人的民族主义、产业兴国的抱负和情怀。

彭剑锋：对。李书福也是第一代企业家的代表性人物。他们具有很强的产业救国的情怀，都有点个人英雄主义情怀。既有个人英雄主义的情怀，同时又相对集权，有独特的个人魅力，超强的学习能力。再一个对体制很熟，熟悉体制，也熟悉市场。他们能够娴熟的驾驭

错综复杂的政商关系。而且，这些人一直都很坚定地发展实业。

尚艳玲：第一批民营企业家既面临着广阔的市场机会，也面临着比较薄弱的商业基础，得摸索着、试探着往前走。

彭剑锋：所以他们的逆境情商普遍很高，不怕挫折和困难，百折不挠，不抛弃、不放弃，这是这代人最典型的特点。而且那时改革开放刚刚开始，这些企业家都善于抓机会，有很强的市场洞察力，虽然大多数并没有行业背景，但他们有敢为人先的风险承担意识。这些都是那一代成功企业家的特质。失败企业家就不谈了，因为他们的失败原因大致相同：机会主义导向，没有掌控住企业成长的节奏。

尚艳玲：经过您的概括，第一代企业家群体的特征鲜明地凸显了出来。那么，以 BAT 为代表的企业能否构成第二代企业家群体？他们又有着什么样的特点？

彭剑锋：1996 年至 2000 年，在互联网领域产生了一批企业，以 BAT 为代表的话，马化腾、李彦宏他们大多数是接受了东西方的教育，都是高学历，有开放的思维。简单来说，第一代基本上都是纯"土鳖"，第二代很多"海龟

（归）"，有海外学习的背景。

这一批企业家普遍具有全球意识，具有全球视野。他们尊重专业，尊重专业人才，对产品技术有偏好，愿意为产品技术投入。这一点跟上一代人不太一样。他们思维上是创新的，有宽广的知识面，对新技术很敏感。这一期间产生了一批随着互联网成长而成长的企业家和一批技术创新者。如 BAT、京东、东软、用友、科大讯飞，等等。

尚艳玲：我有一个印象，不知道对不对，就是如果说上一代企业家更多是市场机会导向，是发现和满足需求的话，第二代企业家很多时候是在引领和创造需求。

彭剑锋：商业模式往往是创新驱动，不一定是产品技术。我认为第二代企业家主要是商业模式创新，但他们对技术创新是有感觉的。

尚艳玲：我看到资料说，现在是一个企业普遍进入交接班的时期，就是第一代民营企业家普遍到了或超过了退休年龄，他们的接班人能称之为是第三代企业家吗？

彭剑锋：第三代企业家就可以分成两类了。一类是接班家族企业的"富二代"，一类是一批自主创业的人。这批人普遍有国际化的视野，有跨界的思维，追求商业模式的创新，善于运用两种杠杆：是资本的力量和商业模式创新的力量。

尚艳玲：比如美团的王兴，似乎就是擅长运用两种力量的代表。

彭剑锋：他们还很擅长运用互联网社交和传媒工具。很多企业老板本身就是网红，如双良集团、梦金园这些企业的接班人，他们和父辈的风格有很大不同。

尚艳玲：老板高调与否好像跟行业也有点关系，您刚才说的都是两家时尚行业。像刘永好的女儿刘畅，杨宗庆后的女儿宗馥莉，杨国强的女儿杨惠妍等，她们相对来说就很低调。

彭剑锋：也不会太低调，毕竟在那个位置上，想低调也低调不了。不过，接班的一代倒是有一个很有意思的特征：女孩子比较多。这种情况会不会带来一些新的变化，目前还看不出来。

还有一类是基于互联网的创业者，比如刚才提到的王兴，以及像陌陌、拼多多的创始人，他们基本都是 80 后、90 后一代，这一批人更具有开放的思维，从领导风格来说，相对来讲没那么专制，没那么集权，具有团队的意识。

这一批企业家最鲜明的特征是，他们高度认同互联网思维，具有互联网思维，而且比较注重技术创新，舍得在研发上投入，在产品上发力。他们不单单是靠商业模式创新，在某种程度上是靠产品技术创新去获取优势。

尚艳玲：对，我注意到这一批人很多都是在高中就被送到国外学习的。相比他们的父辈来说，他们天然地有全球化的语言优势，天然地对互联网思维和技术、语言有更好的理解和掌控。另外，他们可以说是消费主义的一代，这种成长背景会不会使他们对市场发生的新变动、用户需求的变化更敏感一些？

彭剑锋：从表象上来看是这样的，但目前当他们毕竟还都没有独挑大梁，父辈还在"扶上马送一程"，所以他们个人的一些特征还没有表现出来。

尚艳玲：彭老师您对三代企业家的总结，我认为既是高度提炼概括，也有一种历史纵深感。

彭剑锋：不一定准确。大致印象中，比较能体现个性的，或者代际区隔的，大概就这么三拨人。第一拨是早年的创业者，从体制里面出来的；第二拨是留洋回来的，赶上了互联网，赶上了技术

创新的；第三拨是"富二代"，国外留学回来的一批人。比较起来而言，第一代企业家基本上都是工作狂，对他们来说工作就是生活。第二代中的一部分人，以及第三代企业家比较注重工作和生活的平衡，开始懂得享受生活。

新领导力时代

尚艳玲：听了您的回顾与概括，我感到企业家与时代是相互塑造的关系，时势造英雄，英雄也造时势。那么，展望未来时代的话，就像您经常讲到的，是一个大数据、智能化、互联网的新时代，这个新时代的特征对领导者和领导力提出了什么样的新要求呢？

彭剑锋：我们经常讲的是企业家要转型，需要新领导力。面对新环境新要求，首先要求的是企业家的转型。企业家如果不转型，企业家就会成为企业转型升级的天花板，企业就很难抓住数字化、智能化时代的历史性机遇。我们提出企业家的八大转型（见图1），如从个人领导力到团队领导力；从个人能力到组织能力；个人的魅力领导到团队领导；从不按理出牌到现在要对规则有敬畏感，过去对规则是

中国企业家的八大转型：重塑企业家的创新使命、创新责任、创新领导力

所有权的角度	"我的"：个人自我价值与财富实现	→	"我们的"：事业合伙制，超越个人财富的社会责任担当
组织文化的角度	老板个体文化与领导风格	→	组织文化与共享价值观的团队领导
价值评价体系的角度	老板个人主观评价	→	构建客观公正评价体系
从敬畏感的角度	个人敬畏	→	规律、法律、规则敬畏
企业决策与智慧源泉	个人能力与智慧	→	群体能力与智慧、团队学习
企业家的关注重心	盯着几个能人	→	关注人背后的机制、制度建设
责任体系角度	对老板（股东）负责	→	对客户、员工等相关利益者负责
人生价值目标追求	做生意、挣钱、短期机会导向	→	做事业、使命驱动、长期战略导向

图1　中国企业家的八大转型

没有敬畏感的，现在要有很强的规则意识。有规则意识，对法律有敬畏感。过去的领导有私德，公德不一定强。未来的领导既要有私德，又要有公德，有时候公德比私德更为重要。

尚艳玲：在领导力方面，之前您提出过"灰度领导力"，您在2018年的"华夏基石十月管理论坛"上提出"六大新领导力"，两者的内涵是一致的吗？这个"新"字怎么理解？

彭剑锋：新领导力就是灰度领导力（见图2），只不过跟前两年相比，因为环境的变化比较快速，对企业提出了新的要求，所以领导力的内涵有一些变化。现在要传达的是新领导力。"新"体现在哪些方面？一是要有全球视野，开放式思维。现在全球视野非常重要。二是赋能的领导方式。三是跨界融合的思维。四是要有超强的学习能力（因为变化太快了）。五是对未来的"三力"，即对未来的洞见力、对客户需求的洞察力、对人性的洞悉力。六是自我批判与自我超越。

尚艳玲：联系到刚才您所分析的第

二、第三代企业家的特征，其中对产品的理解，产品思维的特征似乎比较突出，如雷军、丁磊等人的探索。不知道产品思维是不是也属于新领导力的内涵？

彭剑锋：这是企业经营必然的时代内涵，在一个品质发展的时代，一定要有产品思维。某种意义上现在的创业者要懂技术，起码要了解未来的技术趋势，有产品主义的思维。现在的企业家需要有强烈的产品创新和品牌意识，它不是单一靠商业模式的创新。未来在国际化和全球的企业竞争的时候，我们的品牌意识，以及对国际市场规则的尊重很重要。

领导力的内涵很广，择其要的话，我认为全球视野、开放心态、对知识产权与国际规则的尊重、产品主义导向、产品与品牌意识，然后是跨界竞合的战略思维、自我批判的精神与快速学习的能力，这些东西会变得越来越重要。

（混沌中的方向把握，未来趋势的洞见，复杂矛盾关系的驾驭，进退自如"度"的把握，变革创新风险的担当，自我批判与自我超越

1 使命愿景感召力
2 跨界融合领导力
3 开放包容心态

灰度领导力

4 竞合生态战略思维
5 分享赋能领导方式
6 自我批判与自我超越的品格

"灰"是一种颜色，是黑与白的融合，意味着企业的生存环境和未来不是简单、纯粹，易于辨别的，而是多元、复杂，存在不确定性的。"灰"又是黑与白之间的过度，它混沌、模糊，同时也蕴含着多重元素；在混沌表相下实则孕育着活力和生命力。

图2 灰度领导力

先后为 1000+ 企业、300+ 上市公司提供过服务

2018 年中国企业五百强

- 中国石油
- 中国联通
- 中化集团
- 中国移动
- 中国电信
- 中国铝业
- 南方航空
- 工商银行
- 中国银行

- 广发证券
- 华侨城
- 中广核
- 中国中铁
- 京东
- 联想
- 国药控股
- 厦门象屿
- 苏宁

- 海尔
- 兴业银行
- 百度
- 四川长虹
- 华菱钢铁
- 云天化
- 天音通信
- ……

2018 年中国民营企业五百强

- 华为
- 联想
- 苏宁
- 美的
- 伊利
- 歌尔声学
- 德邦物流
- 温氏股份
- 新希望六和

- TCL 集团
- 宝塔石化
- 众品食业
- 华夏幸福
- 双良集团
- 途牛
- 金正大
- 京博控股
- 新凤祥

- 宁德时代
- 人民电器
- 重庆力帆
- 双胞胎
- 栾川钼业
- 爱施德
- 宇通集团
- ……

CHINA STONE 华夏基石 代表性研究著作

CHINA STONE MANAGEMENT CONSULTING

CHINA STONE 华夏基石
人力资源管理专业技能系列丛书

CHINA STONE 华夏基石
世界级企业研究丛书

CHINA STONE 华夏基石
《现代管理制度·程序·方法范例全集》

CHINA STONE 华夏基石
《中国企业成长导航》

CHINA STONE 华夏基石
十年研究精选上下册

CHINA STONE 华夏基石
《企业管理白皮书》系列

CHINA STONE 华夏基石
《洞察》专辑系列

CHINA STONE 华夏基石
"e 洞察"管理大师文选集

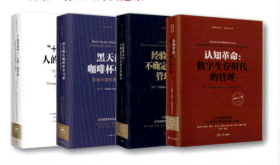

CHINA STONE 华夏基石
中国企业管理思想研究丛书

特辑：
十月管理高峰论坛观点集萃

"华夏基石十月管理高峰论坛"是华夏基石集团品牌性活动，每年十月底在京举行，参会可与本公司知识与市场服务中心联系（联系方式见版权页），或扫描封面公众号二维码。

宏观大变局时代的战略自信：短期阵痛、长期必胜

彭剑锋
华夏基石集团董事长
中国人民大学教授、博士生导师

中国传统优秀文化的思想与认知模式，虽然不具备产生工业文明的文化思想基础，却正好契合了后工业文明时期、数字化与智能文明时代所需要的思想理念和文化基础。

我们正进入一个宏观大变局的时代，中国的企业家和企业正面临前所未有的变局压力和转型的阵痛。我在企业咨询一线的直接感受是，由于经济下行与消费升级增长乏力，2018 年实体企业的日子确实不好过。实体企业普遍业务量急剧下滑、利润率下降，中小企业出现倒闭潮。民营企业家对未来发展前景感到迷惘，信心不足。

股市暴跌也使得很多民营上市公司面临股权质押导致平仓和债券违约的风险。此外，中美贸易摩擦对中国企业的实质性影响也有所显现，供给侧改革与技术进步加速，这些也都使企业的转型升级压力陡增。因此，国内目前对中国未来的经济发展，弥漫着一种悲观情绪。

但我个人对中国经济的未来发展仍然持乐观态度，对中国企业的未来仍然充满信心，并坚信：中美正面竞争与冲突，短期会给中国经济和企业带来阵痛，但长期中国必胜。我们既要反对唱衰中国，又要警惕盲目自大。但我们必须要有战略自信，要坚定地相信：短期阵痛，长期必胜。

中国的战略自信来自哪里？我认为来自四个方面。

第一，战略自信来自中华优秀文化的历久弥新。

也许我们错过了工业文明，赶上了信息时代的末班车，但在智能文明时代，我们在技术上跟欧美基本是同步的，中国企业将不再会输在起跑线。而且，借助于契合后工业文明时期所需要的中国先秦优秀文化之思想和智慧，中国企业在数字化与智能文明时代有可能超越欧美企业，实现弯道超车，甚至是变道超车。

中国文化渊远流长，博大精深，尤其是中国在先秦时期产生了许多大思想家和智者，如代表儒家思想的孔子、孟子，代表道家思想的老子、庄子，代表法家思想的管子与墨子，还有集汉民族优秀文化之大成的六祖慧能，都提出了

> 我们既要反对唱衰中国，又要警惕盲目自大。但我们必须要有战略自信，要坚定地相信：短期阵痛，长期必胜。

具有全球影响力的思想和智慧。

但我们不得不承认，中国先贤们所提出的许多思想是缺乏严密逻辑推理和科学论证的，是经验式、先知先觉的感知式的，是顿悟式的，是比较跳跃的，更注重整体性和系统性而较忽略细节和局部，跟工业文明所需要的严谨、科学、细分的思想基础是不太契合的，我个人认为这也是工业文明没有产生于中国的主要原因。

从思维和认知模式来看，中国文化一直是多神论、多中心论，而西方国家是一神论、单一中心论；中国是一体化的整体思维，是善恶一体、黑白融合的灰度思维，典型的如易经的阴阳一体，而西方国家更多是牛顿式的二元对立思维，是黑白分明的细分思维。

我个人认为，中国传统优秀文化的思想与认知模式，虽然不具备产生工业文明的文化思想基础，却正好契合了后工业文明时期、数字化与智能文明时代所需要的思想理念和文化基础。为什么这么说？我认为有以下几个方面。

（1）数字化与智能化时代，整个世界是一个相互连接、交互，你中有我、我中有你，跨界融合的整体，整个人类将成为一个休戚与共的命运共同体与生态体。它所需要的不是二元对立思维，不是与自然界斗争的思维，而是追求人与自然的和谐，以开放包容的心态，构建人类命运共同体。而这种思维和智慧在中国先秦文化中就是主流思想，比如孔子提出的"大道之行也，天下为公"，老子提出的"道法自然"，庄子提出的"天人合一"的整体论，这些都超越了西方二元对立的思维，与智能文明时代所需要的整体思维、生态思维、共同体思维，以及万物互联互通、跨界融合的思维非常契合。

（2）数字化时代、智能化时代是多中心与分布式，而不再是一个单一的中心论。中国传统文化一直是多神论或者无神论，儒、释、道思想相互兼容，多元文化并存，这种文化传统与数字化时代的多中心与分布式思维高度契合。

（3）后工业文明的生态思维与量子思维，与中国优秀传统文化，尤其是中国禅宗思想不谋而合。我们现在强调生态思维，而道家最早提出了"利他取势"的生态思维、人与自然和谐的思维。尤其在佛教思想基础上，集儒、释、道思想于大成者的中国禅宗，很多主张与后现代文明不谋而合，不得不令人感叹中国优秀文化的博大精深。

比如禅宗提出的"顿悟"，其实就是我们现在强的"突变"、不连续；现在我们经常讲"颠覆式创新"，而禅宗的"无念为宗、无相为体、无住为本"，就是强调创新、打破常规、超越经验曲线；我们现在强调工匠精神，而禅宗的"我心即佛""佛法在世间，不离世间觉"，就是尊重个体力量、人人平等的思想。

可见，中国传统文化里面的"顿悟"与跳跃性思维，及自我超越、自我驱动，修炼内心实现人生的自我超脱的思维，以及驾驭各种矛盾的思维，与后工业时代量子力学里的态叠加思维、灰度思维其实是高度契合的。

而且，几千年来，中国文化之所以始终保持着生命力，就在于它的开放、包容。中国文化从来不僵化，而是能兼容并蓄、博采众家之长，并且与时俱进、历久弥新。

从这个角度来讲，我个人认为，工业文明产生在西方是因为有它的思想和方法论基础，但是在智能文明时代，中国能够实现变道超车，同样是因为我们具备了这样的文化思想基础。我们要重拾中国传统优秀文化，重塑中国文化自信，实现超越。

第二，战略自信来自领导力的超越与自信。

我认为，以特朗普为代表的美国高层领导团队，有企业家的敢于打破常规、不按理出牌的创新精神，有很强的战略执行能力，做事雷厉风行。特朗普上台后虽然攻势凌厉，出招凶狠，但只要扛过这几招后，你会发现，特朗普其实没那么可怕。为什么？因为特朗普的思维方式与领导方式，是典型的二元对立的线性思维，是老旧的冷战思维，是恃强凌弱的霸王领导思维，是不符合智能文明时代全球共生合作思维的。

而在中国，以习近平总书记为代表的国家领导团队倡导的是人类命运共同体的全球治理思维，以及开放、融合的

生态领导力思维。换言之，在数字化与智能化时代，人类命运共同体全球治理思维与生态领导力一定会战胜二元对立的冷战思维与线性领导力。

西方学者现在研究的悖论领导力、矛盾领导力。我们的理解，其实就是如何在驾驭错综复杂关系时把握好"度"的领导力，我称之为灰度领导力。这种领导力，中国比西方国家更强。我认为，未来是生态思维领导力、灰度领导力和二元线性领导力之争。我坚信，生态思维领导力、灰度领导力一定会战胜二元对立的权威型、霸王型领导力。

第三，战略自信来自领导者的自我批判精神和战略执行力。

我觉得在某种意义上，我们应该感谢特朗普。特朗普突如其来的"拳脚相加"，几次针对中国的举措一下子将我们打醒了，使我们对自身的实力有了正确的认知：我们还没有这么厉害，我们在自主创新能力上、产品技术竞争力上、全球竞争力上与发达国家还存在着很大的差距，需要加大技术创新投入，加快补短板；我们必须坚持进一步全面深化改革，要更加开放。同时，正是中美贸易摩擦使得我们真正认识到需要尊重企

> 在数字化与智能化时代，人类命运共同体全球治理思维与生态领导力一定会战胜二元对立的冷战思维与线性领导力。

业家精神，尤其要尊重民营企业家的创新创业精神。

最近，看到我们国家整个政策的导向是更加开放，有更大的改革力度，在这一点上，我们看到了中国共产党人有很强的自我批判精神与战略执行能力。而且我们的企业中也有一批善于自我批判、自我超越、自强不息的领导团队。我认为具有自我批判精神的领导团队，与特朗普"自大狂"式的领导方式相比是有长期优势的。

第四，战略自信来自较为完整的工业制造体系和中国企业家的奋斗精神。

前面谈到，特朗普及其团队具有浓厚的里根情结，沿袭的是二元对立的冷战思维，具有让美国再次强大的使命感，目前对付中国的招数无异于里根时代对付苏联：一是大幅度给企业减税，激活美国经济；二是军备竞争拖垮苏联经济，利用颜色革命，整垮了苏联。

但今天的中国已不是苏联的体量，今天的时代，也不是里根时代。中国的经济总量已达美国的 2/3，是货真价实的第二大经济体。同时，我们现在已经形成了相对独立而完整的工业制造体系，有 13 亿人消费升级的巨量潜在市场，我们经济的活力源泉更在程度上在于刺激和扩大内需。

另外，一直令我感到希望满满的是中国人的勤劳，是融入我们血液里的"天道酬勤"和"天行健，君子以自强不息"的信念。我天天在跟企业家和企业高管打交道，他们中有功成名就、身家百亿的，也有还处于创业生存、成长阶段的，但他们都有一个共同点：努力、勤奋。比如星期六，仍有上千名企业家与高管来参加华夏基石的论坛，来学习交流。我认为，在这样一个时代，只要我们企业家的奋斗精神在，只要我们比别人付出更多，更努力，中国经济就一定会持续健康发展。🆔

未来的管理：从机器系统到知识系统

包 政

包子堂创始人
中国著名管理学者

> 制度上的创新一定是在企业层面上的，而非管理层面上的，否则管理根本不可能赋能。

德鲁克的观点是，企业要使工作者有成就，要使工作有效率。面对未来，他在《卓有成效的管理者》一书中讲，除了工作要有效率以外，工作者"做工作"要有成就。怎么能做到这一点？

过去的时代结束了，现在已经发生的事情，是供求关系逆转了。这会带来什么后果？生产领域不再是竞争的强有力武器，它向两头延伸，一头是商务活动领域（参见拙作《营销的本质》），另一头是研发活动领域。营销和创新才是企业价值创造的职能，生产只是成本。

由此引发了下一个变化——知识劳动成为企业中的主体，再有就是互联网时代来临了（参见拙作《互联网的本质》《管理随笔》，原名分别为《互联网创新之我见》《管理者随笔》）。接下来摆在我们面前的就是从机器系统到知识系统的转变。

离开了机器如何保障效率？

过去是机器系统代替人力，未来是知识系统代替人力。即德鲁克所讲的以机器代替人力、以知识代替人力。卓别林在《摩登时代》中扮演的是拧螺丝的人，在这个岗位创造不了太多的价值，大多数价值全是靠机器创造的。

而当营销与创新人员离开了机器的时候，必须有一个系统的支持，使他的工作变得更有效率。

营销系统、销售系统、市场系统，如果没有一个知识系统来支撑每个人的工作效率，人均销售收入和人均利润肯定是很低的，这是一个大问题。必须依靠知识系统提高每个工作者的效率，同时提高工作者工作的效率、提高"做工作"的成就感。

如何建立知识系统？互联网不是给大家提供平台去共享单车、共享汽车、共享房子，而是共享人的智慧和大脑。

Facebook 正在这么做。华为不是一家互联网公司，但它也在依据互联网技术做内部的平台化共享，如果华为不做互联网共享，很可能未来就没戏了。

过去机器系统只是让工人转成工序，变成"做工作"的一个附属，按照工作的要求做好、做到位。在那个时代，劳动分工的实质就是工序的分解，人与人之间的关系只是工序与工序之间的关系。所以，分工之后的一体化是依靠机器实现的，因此是技术经济的一体化。但是营销和创新的工作者一旦离开了机器系统如何保证效率？必须要构建知识系统，这是正在发生的未来。

构建知识系统依赖于每个知识工作者的贡献

一直以来，我们对知识工作者的概念认知是偏颇的，从管理视角来看，不应该分体力劳动、脑力劳动。这个区分是带有歧视性的。按聂卫平的说法，下围棋是项重体力活动。并且，进行体力劳动不用脑子也是不可能的。德鲁克也说过，现在很多工人也都是知识劳动者。所以，知识工作者正确的概念是什么？

从管理的视角来说，要区分的是"做物品的劳动者"和"做事情的劳动者"。如果你是做物品的劳动者，就依靠机器系统继续发挥长处；如果你脱离了机器系统，一定要依靠知识系统来提高你的工作效率。

这是我们没有学会的。原因在于，构建知识系统并不依赖于效率工程师或者传统意义上的经理人，而是依赖于每一个知识工作者的天赋、创造性和主动性，以及他们创造知识和贡献知识的意愿。这是关键。

> 构建知识系统并不依赖于效率工程师或者传统意义上的经理人，而是依赖于每一个知识工作者的天赋、创造性和主动性，以及他们创造知识和贡献知识的意愿。这是关键。

企业的组织原则：社会心理一体化

我在《企业的本质》第二章谈到企业的宗旨"三喜欢原则"。这是我们在研究怎么写《华为基本法》过程中学习到的。当思路不畅时，发现本田技术研究所的本田宗一郎和本田的创业者藤泽武夫，两个人对谈怎么能够永续经营。他们讨论了很久没理出头绪来，因为长久是不可预测的，所以就倒过来看，什么企业在什么情况下倒闭了？首先是现金流断了。现金流不是本质，比它更为根本的是产品。产品也不是本质，本质是人。比如谁设计摩托车、谁来买卖摩托车？如果人不对，肯定做出来的东西也不对。最后他们发现一定要有好的理念，把这些优秀的人集合起来形成一个生态，所以确定了"喜欢原则"。到现在，它的宗旨还是让消费者喜欢、让经销商喜欢、让员工喜欢。

中国人从古至今有一条基本原则——"成人达己"，"己欲利而利人、己欲达而达人"。这与本田汽车的"三喜欢原则"有些吻合。但是现在的企业或许没有意识到这点，或者是意识到、想做到而没有做到。以华为来说，它对"以顾客为导向"的注解："要在……通信领域中实现顾客的梦想，依靠点点滴滴锲而不舍的努力使华为成为世界级公司。"这两句话其实不对，如果倒过来表述为"依靠点点滴滴锲而不舍的努力去实现顾客的梦想"，就能很好地体现顾客原则了。如果不倒过来，只能说它表述的是任正非的帝国梦想，而不是顾客的梦想。

再看华为现在的员工原则怎么写的？"认真负责管理有效的员工队伍是企业的财富……尊重每个人的个性，不迁就有功而落后的员工。"我认为这句话还是欠妥。看《华为基本法》时，我从德鲁克书上抄下来的是"认真负责的员工队伍是企业财富的源泉"。员工是创造财富的源泉。人不是资源，你不能把自己当资源。这句话被改成了"管理有效"。不能把"管理"加在基本法当中。管理是企业的职能，如果承认员工是财富的源泉，就要讲企业跟员工是什么关系。

稻盛和夫讲得很清楚：企业永远是员工生活的保障，这不是雇佣关系，而是心灵的归属，是做人的尊严，这样才能够从根本上呼醒全体员工的良知和良心，协同起来为顾客做贡献。社会心理一体化不是管理的任务，从根本上说，是企业建立时在组织层面上一定要确立相应的原则，回答员工跟公司是什么关系。

很多人都说我太理想化了。这话说对也对，说错也错。如果我们没有理想为什么到这里开会？如果我们不知道什么是正确的，到这里瞎做有什么意义？你知道什么是对的而做不到时，理想和现实背离，没关系，知道对的在哪里才

可以。我们要在企业制度上创新、从根本唤醒良知和良心，让其愿意贡献知识，发挥主动性、创造性和天赋。有了这些才能构建知识系统，否则是不可能的。

现在流行一句话——"管理是赋能"，其实在目前这种层面上，管理是赋不了能的，如果管理是行政化的，那管理就只是让员工完成 KPI，而根本无法赋能。

制度创新在企业层面而非管理层面

资本主义的生产方式是建立在一定历史条件和社会制度形态上的，到今天我们应该再植入一个人本主义的生产方式。我们要唤醒企业里人的良知和良心，愿意去为组织一体化做知识上的贡献，至关重要的是让大家能够共享知识。我们现在依然处在现代企业制度的条件下，但是面向未来，我们必须学会自主创新、企业层面上的创新。

企业是分工基础上的组织，因此要建立起有效的分工一体化关系体系，而且使每一个人在社会心理层面上相互依存、相互作用，然后围绕着顾客、围绕着市场，谋求长期存在的价值和理由。制度上的创新一定是在企业层面上的，

而非管理层面上的，否则管理根本不可能赋能。

明茨伯格讲，高端人士的头脑中往往有两套观念相左的体系，以便使之能够有效地了解过去、把握未来、处理好当下，否则我们将会一头栽倒在那些不可跨越的鸿沟里面。这是我的忠告。

将行政体系变成管理体系

给大家推荐《梅奥的本质》这本书。这本书的主要内容是讲梅奥兄弟俩如何把一个基于产权的行政体系变成一个管理体系。

原先诊所性质的公司怎么进行公司化运作？梅奥兄弟俩发现，大牌医生们不愿意把十年八年积累的病例、知识贡献出来，所以他们认为自己必须首先做出牺牲，于是他们就把名下所有资产都捐了出来，变成梅奥的产业协会。这个协会当中有 12 个信托人守住资产让其增值保值，增值部分扩大再生产追加投资。没有一个人可以在资产收益上获得好处，也没有一个人可以把自己管理的资产当作遗产，让儿女能够在加勒比海岸度假。

梅奥兄弟在 20 世纪就干了这么大的一件事，迄今为止，梅奥已经有 150 年历史，全中国医药行业都在学梅奥。梅奥所在地罗切斯特，一个当年只有十万人的小镇，如今却成为了全世界医药行业当中的麦加——朝圣之地，而且是美国首屈一指的公司化运作医药企业。他们是怎样建立基于人本主义的管理体系的？所有的医生把他们的病例贡献出来，形成一个系统，在这个系统中衍生出来新药的开发、新治疗方案的开发，同时衍生出来医务人员如何照顾不同年龄患者的知识体系。梅奥非常值得我们学习。

另外，从行政体系到管理体系，企业内部还有两种协调方式：市场法则和管理法则。未来将通过互联网的方式、积分的方式，形成数字协调的方式。而数字化协调以后每个人对企业做的贡献，其中绩效上的贡献以及其他方面的贡献都可以通过积分形成产权，由此解决全人类工业化以来的一个难题——如何让每一个人能够变成劳动的共同体，共同劳动、共同占有生产资料？

西方社会解决了资产的人格化问题，而在互联网时代，我们将有机会在解决资产人格化的基础上，实现共同劳动、共同占有生产资料。🔲

基于"人性想定"的管理塑造高能组织

施炜

华夏基石领衔专家
中国人民大学金融与证券研究所首席研究员

真正要激发一个团队，
打造一支铁军，核心是
基于人性的管理。

我去走访和咨询的企业比较多，经常遇到的问题是：我们企业为什么到市场上使不出力量来，总显得没劲儿呢？我们今天不谈差企业，先看看人家好企业为什么有劲儿。

为什么这种组织能快速成长？

人大商学院有一个转型创新特训营到苏州参观学习，我作为教练，和学员们一起参观了汇川技术公司。这个企业总部在深圳，主体工厂在苏州，是做自动化控制系统的，比如变频器、控制器、伺服电机等，现在逐步向轨道、新能源汽车等领域延伸。汇川技术于 2003 年成立，2011 年上市，成长速度很快，经营业绩长期保持 30% 左右的增长。这个企业有鲜明的华为特色，因为 19 个创始人当中有 16 个人是从华为出来创业的。

去了这个企业之后，大家都觉得很激动，因为在现在经济不景气的情况下，作为一个电机企业，面临的对手是西门子、施耐德等国际巨头，却能够逆周期成长。参观结束后，我跟同行的宁波单车侠自行车公司老板刘鹏一起，冒雨开车去宁波。在路上，他问我一个问题：**为什么这种企业能够这么快速地成长?**

刘鹏的问题让我陷入了沉思。我没有马上回答他，而是做了分析：企业的成长原因无非就是外因和内因。从外因来看，它所处的市场环境不能说特别好，因为是寡头竞争行业；也不能说特别不好，但是一定不属于风口。而且电机这个行业技术门槛还是挺高的，要一点一点做，做着做着，后发超越的势头才会渐渐出现。从内因来看，有个很好的组织基因和组织能量。

图 1 是汇川技术业绩增长情况，它属于工业品行业。我们再看一下消费品，属于传统行业的，叫顾家家居。图 2 是顾家家居业绩增长情况，从 2014 年起复合增长 30% 左右。**中国有一批这样的企业，我定义为高能组织**。这是我的概念创造，因为有高能物理，我想也可

图 1　汇川技术业绩增长情况

图 2　顾家家居业绩增长情况

以有高能组织。

高能组织的"三高"

高能量。企业在外部的市场竞争中具有很强的竞争力和战斗力。不管在什么行业，它们一进入，就能赶超对手，能在比较短的时间内形成优势并保持优

势。我把这种现象叫作高能量。

高绩效。高能量也反映在高绩效上。高绩效就是有比较高的顾客价值和企业价值。其中一个特点就是毛利水平较高。根据近几年的年报信息，汇川技术的毛利保持在 40% 以上，可以创造比较好的顾客价值。如果这样的高绩效企业是上市公司，那么，企业价值也会比较大，估值比较高。

高能力。高能量的背后有一支高素质的专业团队。这批人身上有独特的知识，包括专业技术知识、经营管理知识以及营销知识等；同时还有高行动力、高执行力。

我把这样的高能组织的特点概括为"三高"。做人不能"三高"，但做企业一定要"三高。高能组织中各种要素关系，我给列了一个公式"（见图 3）。

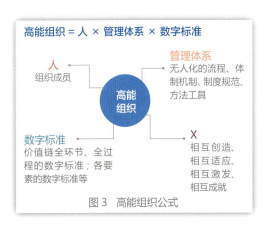

图 3 高能组织公式

铁军是怎样炼成的？高能组织中的人

通过研究华为、美的等多家企业的人力资源政策和人力资源管理模式，我概括了高能组织"炼成铁军"的7条经验。

(1) **学生兵，高才生。**以学生兵为主，较少从社会上招人。这次我们去汇川技术，他们最大的事业部的总经理对我们说，最主要的经验就是全部用学生兵，他们是一张白纸、比较单纯，让他怎么做就怎么做。不仅仅用学生兵，还用高才生。中国高考体量庞大，大学扩招使得大学生之间的差异迅速拉大。华为最先发现了这个奥秘，所以华为就先下手了。其他企业很快也发现了，导致2018年校招的竞争激烈程度要远远高于以往。原以为2018年经济不景气，校招没多少企业参加，实际上，好的学校里面人山人海，说明大家意识到了要在人才的源头上解决问题。

学过物理都知道，高能粒子能够带电。首先粒子本身要强，其次要有加速器。学生兵、高才生就是强悍的粒子，**企业就是加速器。**

(2) **给人才设计一个待遇金字塔。**待遇上要有一个增量，要利用薪酬杠杆。

薪酬杠杆是指给一个大学生的报酬比一般平均水平高30％，但是他所创造的业绩要比一般平均水平高50％。业绩曲线的斜率一下就上去了。实践证明，好的学生所创造的价值更高。

(3) 用"前置"方式发现、争夺人才。给了好的待遇，是不是就一定能把好的人才招到？不一定。招聘工作技术性很强，有测试、面试、评鉴等，最重要的是要了解学生的信息。我在大学里面做过多年的班主任，可以负责任地告诉大家：同一个班级中，学生之间差异非常大，远远大于我们的想象。一个班里只有20％是优秀的，要把他们找出来，正确的方法是工作前置、事先介入，比如设置奖学金，跟班主任谈话，用多种方式预先选出班里的优秀学生。要是等别人招完了你再去招的话，还不如不招。

(4) 高目标牵引。人来了怎么办？高目标牵引，响鼓要用重捶。高目标就是高压力。顶得住的，就上来了；顶不住的，就被淘汰或者自己离开。

(5) 高组织张力。高组织张力就是不对称激励。所谓不对称激励，就是薪酬向关键岗位倾斜。比如一个普通的主管年薪12万元，做到经理就是50万元，做到总监能达到200万元，就这样往上跳着走。这样做的话，组织张力就大了，中下部分竞争很激烈，优胜劣汰。我们分析过，**企业在高速成长时期，团队（包括厂长、车间主任、营销人员等）是高速度流动的**。这个时候不要考虑流动问题，流动30％也没关系，不行就换，最后，李云龙式的人物就出现了。

(6) 给人才一个舞台，建立人才后备营。不怕人员流动，关键是后备人员要多。所以，在人力资源的规划上一定不能一个萝卜一个坑，而是要一个坑两个萝卜甚至三个萝卜，要有人才储备，要有长远的成长目标。同时，要用年轻人，给年轻人一个舞台。如果你用的干部平均年龄比别人小5岁，一定是最好的人力资源模式。最不好的人力资源模式是从一些名头很大的企业招一批人过来，这些人到企业来变现，其实他们并不一定具备能到市场上去"打仗"的本事。

此外，机制比人才更重要，有了机制，人一定会有。很多企业老板总跟我说：我们企业的人不行。我经常鼓励他们说：你的人挺好的，是没什么问题的，我们又不做登月行动，不需要那么复杂的劳动、那么高精尖的人才。大部分企业任务，一般的人是可以达到的。

一旦建立后备营干部机制，一般人的能量能被激发 30% 左右。什么是后备营？比如，销售系统中有区域经理，在任命区域经理的同时，设立一个后备区域经理的训练营，配比 1∶2 或 1∶3，最少也要 1∶2。而且，不是一个人对一个人的接班，而是一群人对一群人接班。因为如果是"点对点"接班的话，在位的就会打击后备人员。一群人接一群人，就不会有这个问题。有的领导还很想把自己下面的人选送到其他部门去呢！后备营机制，就是"抽驴赶马"，后面的驴一叫，马就着急，回头一看驴上来了。驴其实也很着急：马怎么还不下来？现在有些企业连驴后面的狗都准备好了，这就是双层干部后备营。

人的潜力是无限的，在座各位一定要对自己的团队有信心。我为那么多企业做过咨询，发现对于团队问题不能形而上学。"三步之内必有芳草"，没有芳草是因为你没看到，或者你没有形成让芳草长大、茂盛的土壤。

(7) 高浓度组织文化。 高能组织的团队一定有高密度、高质量的组织文化。大家学习华为的"以奋斗者为本"，需

营造华为那样的极强的奋斗氛围。这就是场，是高密度的精神场，也可以理解为是产生精神力量的加速器。

基于人性的管理：高能组织的内核

1. 人性想定

以上 7 条经验是操作层面的总结。进一步思考、提炼，我们发现：真正要激发一个团队，打造一支铁军，核心是基于人性的管理。由此形成三个层次：第一个层次，是企业文化的鼻祖沙因讲的"人性假设"。这个词不好理解，我换了一个词叫"人性想定"，就是对人性的理解，对人性的设想。第二个层次，是与人性对应的管理理念和原则。第三个层次，是由理念、原则所生出来的管理政策、机制、方法等（见图 4）。所谓"道

图 4 基于"人性想定"的管理模型

生一，一生二，二生三，三生万物"。

人性有什么内涵？人性是人的本质属性，既与人作为生物的本能有关，也与人在和大自然的斗争中、在社会发展的过程中、在人与人的关系中形成的一些有社会含义的特征有关。

我思考了一下，觉得人性可以用六组词来概括。

（1）善恶。人是有伦理的，是有价值观的。

（2）荣辱。荣誉感、自尊，中国人叫面子。很多组织行为学的专家专门研究面子和中国管理的关系。《菊与刀》是研究日本文化的，书中提出，日本文化是耻感文化。耻感文化就是荣辱文化，在一个群体里面，别人好好干而我不好好干，太耻辱了。

（3）是非。有人称作罪感文化，一是一，二是二，讲究事实的真相，这是人性中非常重要的一个属性。讲面子的时候，不一定讲是非，可能还要把真相隐瞒起来。一个民族的性格里面如果只有荣辱没有是非，这个民族就出问题了。

（4）利害。这是最重要的人性，赵履宽教授说，人性就是四个字——趋利避害。本能、欲望等都属于利益的范畴。

（5）爱恨。人在情感和情绪上有关爱和仇恨。

（6）勇怯。人在态度上有勇敢和怯懦。

2. 对应 6 种人性，可以形成 6 种新的管理理念（见图 5）

（1）意义、使命、价值。为什么愿景重要、使命重要？因为每个人不仅有个人的意义追求，还有群体、团队的意义追求，才能从内心生成能量。

（2）尊重、荣誉、自尊、参与。要激发员工的荣誉感、自尊心，让他们积极参与。我在写企业文化大纲的时候，经常会写一条"参与也是激励"。我曾去过一家研发型企业，采用项目式管理，大的几百人，小的几十人，他们不用打卡，报酬差别也不是特别大。我问他们：

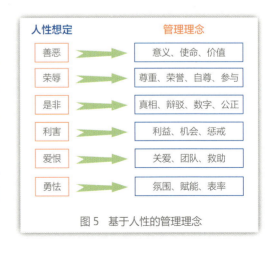

图 5 基于人性的管理理念

靠什么驱动你们？他们说靠自尊心。

（3）真相、辩驳、数字、公正。事情真相发现了，自然就公正了。

（4）利益、机会、惩戒。

（5）关爱、团队、救助。

（6）氛围、赋能、表率。这些都是高能组织的管理理念，高能组织的内在根源。

高能领导者：高能组织的力量源泉

所有高能组织力量的最终来源是高能领导者。

欲成为一名高能领导者，需要做到：

（1）高强度思考。很多企业事情做不好是因为领导人没想清楚、想得不够或想得太粗放，也就是思维的密度不够。

（2）行动力。王阳明云"知中有行，行中有知"，做就是了，不要天天光想不做。

（3）逢山开路，遇水架桥。企业面临困难的时候，不要怕问题。很多企业老板经常跟我说缺人，我说缺人就去招，缺会计就招会计，缺出纳就招出纳，赶紧去做，这样就不纠结了。

（4）有时候，矫枉需过正。缺10个人可能要招100人，不怕流失。

（5）在管理体系建设上，有的时候要以空间换时间迅速建体系，有的时候要以时间换空间慢慢打磨。一开始搭建框架的时候，要以空间换时间，不能拖。但是每个具体的项目有了框架之后，要以时间换空间，要有工匠精神，不要太着急。

（6）相信一分耕耘，一分收获。真正的高能领导者，核心是破"心中贼"。"心中贼"包括：偏离真相、常识、规律的"自我设定"；对市场、顾客投机主义，走捷径（这是最大的毛病）；狭隘本位立场的利令智昏；权力意识的扩大。有的老板在公司里面像皇帝一样，这样的企业不适合90后和00后。

总的来说，中国的大部分优秀企业没什么问题。我国许多产业做得并不好，每一个行业都能够产生非常伟大的企业。比如服装行业，作为衣食住行之一，需求量非常大，是万亿级的市场，但中国却没有做得特别好的服装企业。这一点还要向日本人学习，不光向优衣库学习，最近我看到的一个案例是镰仓衬衣，一年向全世界卖10亿件衬衣，光衬衣就做成了一个世界级企业。只要按照高能组织的要求去做，相信每个行业都有大把的机会。

不确定时代更要
回归认知规律

孙健敏
华夏基石领衔专家
中国人民大学教授、博士生导师

> 数字时代最大的挑战实际上是选择，要选择就要有判断，一旦做判断就会带来认知失调。

认知是什么？可以从两个方面去分析。

一是认知的内容。我们看到的、听到的信息，包括对自己、对他人、对事业、对金钱、对风险、对不确定性等，简单来说可以分成三部分：**对人、对事、对物**。

二是认知的过程。包括认知模式、认知风格、认知能力、认知偏差等。具体来讲，就是我们怎么样去看、去听、去想。

同样的东西，不同的人可以用完全不同的术语、词汇来表达。因此在这样一个可以自由发表观点的信息时代、互联网时代，我们面临的最大挑战就是，新东西不断涌出使得我们眼花缭乱、应接不暇，但又不想让人觉得自己落伍了，所以，就手忙脚乱地去赶，心烦意乱，阵脚大乱。

其实，什么时代都有各种不确定，工业时代也没有全都确定，未来同样如此。想不乱阵脚，不见得非要去看未来是什么样的，只要知道以前是什么样的，大概是可以帮助我们找到脚下的路的，所谓"以史为鉴，可以知兴替"。只看未来反而容易找不到路，就掉坑里面去了。

不确定时代四个值得关注的认知规律

1. 框架效应：立场决定观点

其实我们现在有很多认知——对于现象以及对现象的看法、评价和判断——在相当程度上没有遵循人类认知的规律。老祖宗早就总结出了这些规律，不需要我们再费尽心思的探讨。这些认知的规律不用我们都做到，只要能把其中一点做到极致，就可以保证你成为高能量的人，但这一点可能不止需要做到一万次，而是需要做到十万次，要变成习惯，变成自动加工、自动反应。

比如大家经常说"屁股指挥脑袋"，但知道它就是心理学中的"框架效应"的很少。什么是框架效应？即立场决定观点。

拿着相机去拍照，在摄影上叫构图，面对同样的场景，不同的人构图不一样，拍出来的照片也就不一样，但反映的现象是同一回事。这个差异不只是在清晰度上和取景的角度上，框架效应在相当程度上比认知能力、认知方式还重要。在框架效应中，立场不是通常认为的立场，而是脑袋里面自动勾画的一个参考框架。我们看一件事情、看一个人、解答一个问题的时候会有一个参考框架，这个框架决定了我们怎么样去定义和评价它。

"框架效应"是一种认知规律，即这个事情是什么，取决于我们把它放在什么样的框架里。

我们所知道的很多规律，已经是科学的定论，当然，社会科学与自然科学不同，不能说它是百分之百的定论。很多人较真说，理论总是落后于实践。其实，没有实践就没有理论——没有苹果往地下掉就没有万有引力，先有苹果往地上掉，才有万有引力的，牛顿总结出来以后，就可以让更多人知道这个理论。没有华为的实践，就没有出自华为的中国管理理论。管理理论相对来说落后于先进实践，但不可否认的是，先有实践再有认识，然后才是认识指导实践。

2. 认知偏差：越做不好事情的人越善于找借口

人们不善于为该做的事情找理由，却善于为做了不该做的事情找借口；越做不好事情的人越善于找借口，于是没有任何借口输出时，大家都趋之若鹜。这是 20 世纪 60 年代美国心理学家发现的一个很重要的认知规律。

丹尼尔·卡尼曼因为"把心理学成果与经济学研究有效结合，从而解释了人类在不确定条件下如何进行判断"，因而与他的合作伙伴弗农·史密斯共同获得了 2002 年诺贝尔经济学奖。

丹尼尔·卡尼曼最重要的成果是关于不确定状况下人类判断、推理和决策的研究，他证明了人类的决策行为如何系统性地偏离标准经济理论所预测的结果。所以，大家如果要真正弄懂什么是不确定性，怎样在不确定性下做判断，可以去读丹尼尔·卡尼曼的代表作《不确定状况下的判断》。这本书翻译得不是非常好，但如果大家感兴趣的话，还是可以读的。这本书非常有价值，主要是研究分析企业经营，尤其是金融公司的投资、股票、证券、风险决策，也分析了人的天性、贪婪、需要等。

为什么大家知道不该犯的错误还去犯？为什么道理讲了很多，大家还是做不到？影响因素有很多，其中有两个主要因素：一个是信不信，另一个是人们的认知误区或者认知偏差。

3. 选择的悖论：只要做选择，一定会带来认知失调

不同的人有不同的认知方式，认知方式决定了我们在感受客观刺激的时候是有选择的，我们不是原封不动地把所有的刺激都纳入脑袋中来，而是选择把自己感兴趣的、认为重要的东西吸收进来。

数字时代让我自己面临很大的挑战，不是去做是非对错的选择，而是选择哪些东西对我来说是有价值的。

这挺难的，选不好我们就跟不上时代的节奏，永远都被别人牵着鼻子走。所以对于个人来说，数字时代最大的挑战实际上是选择，要选择就要有判断，一旦判断就会带来认知失调。丹尼尔·卡尼曼和弗农·史密斯都是从这个角度来研究问题的。我非常喜欢这个说法：如果选择更少，人们会活得更好；把选择的限制看成是解放而不是束缚；要成为选择者，而不要成为捡拾者。

关于选择的悖论，20 世纪 50 年代已经有西方学者得出这样一些结论：

▶ 做决策（选择）带来认知失调；

▶ 失调与态度改变；

▶ 为付出的努力辩解；

▶ 自我服务偏见；

▶ 基本归因偏差。

在社会生活里，选择少一点的人反而会活得很快活很幸福。因为基本逻辑是：人们只要做选择，一定会带来认知的失调。这个结论的前提是，人们在人生中的任何选择都不可能是完美的，于是决策就有了模型，是选择最优还是满意？没有最优，比如找对象，理想的状态是这个世界上一定存在对我们来说是最合适的那个人，但是我们不能等，也无法找到，所以差不多满意就可以了。买衣服、买车子、上学等都是如此。

而一旦做了选择，就不得不舍弃某些东西，于是只要做选择就会带来认知的失调，而认知的失调导致不舒服。从这个逻辑来讲，认知失调越少，人们的幸福感越高。

4. 斯特鲁普效应：认知方式和认知能力不同会导致不同的选择

斯特鲁普效应，是一个基本的认知规律。

小资料：斯特鲁普效应在心理学中指"优势反应"对"非优势反应"的干扰。例如当测试者被要求回答有颜色意义的字体的颜色时，回答字本身的意义为优势反应，而回答字体颜色为非优势反应，若字体颜色与字意不同，被测者往往会反应速度下降，出错率上升。由于优势反应的干扰，个体难以迅速准确地对非优势刺激作出反应。

现在我们来运用一下这个规律。请大家一起来做几个关于选择的小实验：

假设现在给你一个奖励，这个奖励有两种方式。一种方式是直接选择拿 1000 元，这样的话百分之百可以拿到；另一种方式是通过抛硬币决定，如果硬币正面朝上，你可以拿 2000 元，如果反面朝上，你一分钱都拿不到。

美国的一项研究表明，全球 78% 的人选择直接拿 1000 元，因为人们有一个基本的倾向叫回避损失，但是企业家会选择第二种，去赌一把。

你做错了事情要被罚，要么赔偿 1000 元，就可以走人了；要么赌一把，如果抛硬币正面朝上，可以一分钱都不给，如果背面朝上，需要赔偿 2000 元。

很多人选择直接赔偿 1000 元，经济学家给这种现象起了一个名字是"禀赋效应"。人们在决策过程中对利害的权衡是不均衡的，对"避害"的考虑远大于对"趋利"的考虑。

张三拥有 A 公司的股票，在过去一年里，他考虑过将 A 公司的股票转成 B 公司的股票，但是他没有这样做。现在他发现，如果当年转成 B 公司的股票，现在将获利 2 万元。李四拥有 B 公司的股票，在过去一年里，他把 B 公司的股票换成 A 公司的股票。现在他发现，如果他一直只有 B 公司的股票，他将多获利 2 万元。谁会更后悔？

很多人认为李四更后悔，及时行乐是有条件的，这是经济学上的结论，但用的是心理学的原理。人们因为作为所产生的遗憾程度，比因为不作为所产生的遗憾程度要大。有些事情没有做会后悔，有些事情做了之后发现不该做，后悔程度更大。经常听人说为避免年老时后悔，有些事就赶紧做。反过来讲，有人表示可以选择不做，不做的话遗憾程度相对较小，其实这不是我们主观上想不想的问题，而是它有不可抗拒的规律在里面。

再回头来看看"斯特鲁普效应"的

经典实验，关于字体和颜色的测试。（现场测试中，是请被测试者依次说出下列字的颜色，而非依次说出每一个字）

黄	红	蓝	绿	白	橙	紫	灰
白	蓝	橙	紫	黄	灰	绿	红
黄	红	灰	白	蓝	橙	紫	绿
橙	紫	绿	红	橙	白	黄	蓝
黄	灰	橙	红	绿	紫	白	蓝
紫	绿	蓝	黄	红	灰	橙	灰

做这个测试会发现：人们对于客观刺激的反应有两种：一种是自动加工；另一种是控制加工。人们对于意义的加工实际是自动加工，因为对意义更熟悉，已经自动化了；对于颜色的加工是非自动加工，需要经过一番思考，所以反应会延迟一些。第一反应出来的东西就是自动加工的东西。

自动加工和控制加工实际上不能完全独立，它们相互之间会干扰。于是就有了不同的认知方式和认知能力，有些人能够把这两个东西独立开来，是因为他的自动加工对控制加工影响相对较少。我们也常以感性和理性来区分。有的人必须先怎么样再怎么样，这是序列加工；还有人是平行分布加工。不只是在认识自然事物上，认识社会事物、认识人的时候也一样。

斯特鲁普效应之所以称为效应，是因为这是一个客观存在的现象，不管在什么条件下对什么人都能成立，这就是规律。

不确定时代如何进行"认知革命"

马克·吐温说："给我们带来麻烦的，不是我们不知道什么，而是我们已经知道的，却不是那么回事。"这句话对我特别有启发。因此，不要着急去学新东西，先把老问题说清楚。

第一，反思已经知道的。我们应该回过头来反思一下已经有的东西是否成立，已经知道的是否正确。实际上，没有简单的对和错，知识不能用对和错评价，而是用真和伪评价。何为真？何为伪？在我们这个条件下成立的现象或者规律，放到另外的环境下可能就不成立了。

了解我的人可能会发现，我不管是讲课还是做研究，很少直接给别人提方法。我一直认为方法来自自己，我的责任是帮助别人把问题说清楚。方法是出自你自己之手，对我有用的方法，对你不见得合适，而且我教给你的方法，你也不见得去做。

方法有很多种，勤能补拙，相信我的方法，你就会去做，不相信就不会去做，这不是逻辑本身的问题。

第二，厘清自己想要的。我的学生问我，是应该继续读博还是就业，我不会直接回答，而是问他想干什么，对他来说人生第一要的东西是什么。他自己想清楚这些问题后，他的答案就自己出来了。

第三，掌握人生必要的。我们要弄清楚三要：想要、必要和非常重要。什么是重要？想要的东西不见得是重要的。于是，就回到最基本的问题——价值观和价值。

第四，遵循科学验证的。什么是理性的东西？互联网带给我们的挑战之一就是难辨真伪，谁都能够说出一套。我们必须要从源头上把住关，接受真正经过科学验证的东西。但经过科学验证的东西也只能说是相对靠谱。我们不要人云亦云、道听途说，但是多听一听对于启发思维、灵感肯定是有好处的。

以上介绍的这些认知规律只是挂一漏万。对于我们来说，面临最多的问题就是选择和判断的问题，我们得判断什么东西对自己而言是值得的、重要的。

任正非的"灰度管理哲学"

吴春波

华夏基石领衔专家
中国人民大学组织与人力资源研究所所长、
教授、博士生导师

所谓的灰度，既是他的世界观，也是他的思维方式，同时也是他的方法论，三者构成了任正非的"灰度管理哲学"。

一、任正非的"灰度认知"

1.企业管理的正确思想从实践中来

毛泽东有一段话非常经典："人的正确思想是从哪里来的？是从天上掉下来的吗？不是。是自己头脑里固有的吗？不是。人的正确思想，只能从社会实践中来，只能从生产斗争、阶级斗争和科学实验这三项实践中来……"

按毛泽东这段话可知，"思想"是从"实践"中来的，是从"感性"飞跃为"理性"。我曾经在一篇文章写了四句话，总结了任总的认知来源。

其一，读万卷书。读万卷书是一个认知过程。

其二，行万里路。行路也是一个认知的过程。

其三，与万人谈。汲取别人的能力。

其四，干一件事。做事情要聚焦，就是干一件事。

任总认为总结的还可以，但是他跟我说，这四句话不要给基层员工讲，基层员工不能读"万卷书"，基层员工要读"万遍书"。

2. 企业不产生理论，但是企业家必须有思想

正确的认知也需要一个重要的过程，"企业不产生理论，但是企业家必须有思想"，这个思想就是你的价值观、世界观，就是你对于未来，对你企业的经营管理、人力资源、企业中的人的一个把握。任总有一段很经典的话："方向大致正确，来自企业家的思想正确；企业家的思想正确，来自对企业的正确认知；没有正确的假设，就没有正确的方向；没有正确的方向，就没有正确的思想；没有正确的思想，就没有正确的理论；没有正确的理论，就不会有正确的战略。"

——《任总与 Fellow 座谈会上的讲话》（2016 年）

从这段话可以看出他的思想、思想的延伸以及思想的最后形成，是一个从理论到实践的过程。

"管理是实践的艺术"，但是这种实践需要指导。指导有可能是来自理论指导，或可能来自教科书的某种理论指导，或者咨询公司的指导，还有可能是来自企业家自身思想的指导，然后就有一个化云为雨的过程。把思想的云变成实践的雨，来经营管理我们这个社会、管理我们的企业。

3. 任正非用灰度认知管理的世界

很难概括任总是一个什么样的人，我眼中的任正非，是游走在黑与白之间一个灰度的人：既脾气暴躁，又能静水潜流；既铁骨铮铮，又柔情似水；既疾恶如仇，又宽容妥协；既用兵狠，又爱兵切；既霹雳手段，又菩萨心肠；既悲天悯人，又收放自如；既恪守中庸之道，又明辨是非善恶；既霸气霸道，又谦卑谦虚；既爱财如命，又挥金如土；既内向羞怯，又外向张扬……

我不知道用心理学的性格如何认知他，但作为企业家，他既这样又那样的，这就是灰度。他用灰度认知管理的世界，**所谓的灰度，既是他的世界观，也是他的思维方式，同时也是他的方法论，三者构成了任正非的灰度管理哲学。**他以

此作为认识世界与改造世界的"思想工具",并付诸华为的经营管理实践,这就是任正非的灰度管理,或称为"灰度管理哲学"。

灰度哲学,既来自华为的经营管理实践,并在实践中丰富和提升,又反过来指导华为的经营管理实践,同时接受华为经营管理实践的验证。

4. 任正非的灰度观

任正非的灰度观最基本的思想,是在一篇文章里面。那篇文章是集大成的,讲了领导人的素质,以及开放与灰度、妥协与灰度、假设与灰度的关系。其中讲道:

▶ 一个领导人重要的素质是方向、节奏。他的水平就是合适的灰度。

▶ 一个清晰的方向,是在混沌中产生的,是从灰色中脱颖而出,而方向是随时间与空间而变的,它常常又会变得不清晰,并不是非白即黑,非此即彼。合理地掌握合适的灰度,是使各种影响发展的要素,在一段时间内的和谐,这种和谐的过程叫妥协,这种和谐的结果叫灰度。

▶ 没有妥协就没有灰度。妥协其实是非常务实的,通权达变的丛林智慧。

凡是人性丛林里的智者,都懂得恰当时机接受别人的妥协,或向别人提出妥协,毕竟人要生存,靠的是理性而不是意气。

▶ 灰度是常态,黑与白是哲学上的假设,所以,我们反对在公司管理上走极端,提倡系统性思维。

▶ 或许我们还不知道什么是正确的,但是我们一定要知道什么是错误的,在错误的边界之外,我们就一定会走向正确的方向。

二、任正非的灰度管理在华为的应用

第一,灰度看人性,就必须摒弃非黑即白、爱憎分明、一分为二的认知方式与思维模式。他讲华为的干部政策应该灰色一点,路归路,桥归桥,不要把功和过搅在一起,不要疾恶如仇,不要黑白分明,也不要排斥一些假积极。他有一个重要的观点:在华为能够假积极五年就是真积极,真积极固然值得肯定,假积极更值得同情,夹着尾巴做人更难。

最近我写了一篇文章谈任正非的英雄观。三十年成长中,华为看待英雄有三个阶段:1987—1997 年,是"呼唤孤胆英雄"时期。1998—2013 年,

1998 年是基本法定稿之年，2003 年华为在"消灭"英雄，一直在提倡"无为而治"。"英雄"这个词在这个阶段消失了。但是从 2014 年一直到现在，华为又在呼唤群体英雄，"遍地英雄下夕烟""六亿神州尽舜尧"，特别强调集体主义下的个体英雄主义。

第二，以灰度洞察未来，制定战略和目标。未来到底怎么样谁也无法预测，但是任正非通过自己的灰度哲学得出了一个重要的结论——方向大致正确，组织充满活力。对任总的"方向大致正确，组织充满活力"，有的人质疑"大致"这两个字。我想说明一下，"大致"蕴含的是一种谦虚，华为的战略方向基本上都是正确的，当然有犯错误的地方，只要我们保持大致正确的方向，组织充满活力就可以应对。华为能够长期保持战略方向的"大致正确"，重要的原因是任正非的灰度管理哲学，"坚定不移的正确方向来自灰度、妥协与宽容"。以内部规则的确定性应对外部环境的不确定性、以过程的确定性应对结果的不确定性、以过去和当下的确定性应对未来的不确定性、以组织的活力应对战略方向的混沌。

第三，以灰度看待企业中的矛盾关系。在企业经营管理中存在着大量相互矛盾和相互制衡的关系，如激励与约束、扩张与控制、集权与扩权、内部与外部、继承与创新、经营与管理、短期利益与长期利益、团队合作与尊重个性等。这些矛盾关系构成了黑白两端，对企业来讲像绞索一样在折磨着企业家，逼迫企业做出极端的选择。

任正非以灰度观来看待和处理这些关系，不走极端，不玩平衡，对内外部关系作出智慧的决策，其核心就是依据灰度理论，抓住主要矛盾和矛盾的主要方面，抓住牛鼻子，将这些矛盾变为公司的发展动力。这就是灰度处理办法。在华为发展历程中，任正非一直强调的"乱中求治"与"治中求乱"，是其灰度发展观的体现；而"深淘滩，低作堰"则是处理内外部关系的灰度准则。

第四，以灰度培养选拔干部，培养领导力，把灰度作为高层管理者的任职资格。"开放、妥协、灰度是华为文化的精髓，也是一个领导者的风范，领袖就是掌握灰度。"这句话很经典，华为一直讲要宽容"歪瓜裂枣"。《华为人报》曾把"裂枣"写成"劣枣"，被任总坚决地纠正过来了。"公司要宽容歪瓜裂枣的奇异思想——你怎么知道他们就不是这个时代的梵·高,这个时代的贝多芬?"他强调对事旗帜鲜明,对人宽容妥协,高调做事,低调做人。干部放下了黑白是非,就会有广阔的视野和胸怀,就能够海纳百川,心存高远。

第五,以灰度把握企业管理的节奏。任总一直强调,作为高级管理者在企业经营管理过程中,必须紧紧盯住三个关键点:方向、节奏与人均效率。当企业的方向大致正确之后,经营管理的节奏把握就成为领导力的关键。着急和等不及,与不着急和等得及的节奏把握,就是任正非灰度管理的最好体现。

方向与节奏是战略问题,人均效率是人力资源。华为的第一任 CHO 就是任正非,华为的 CEO 是华为的人力资源部,把握方向、节奏与人均效率。华为各个部门的考核表考核内容都不一样,但永远有两个指标是相同的,一个是人均效率、一个是客户满意度。

关于节奏的问题,就是要别着急、等得及。"别着急,沿着正确的方向一点一点进,别折腾。"

我特别喜欢毛泽东给抗日军政大学的题词:"坚持正确的政治方向,艰苦朴素的工作作风,灵活机动的战略战术。"对企业而言,就是坚持大致正确的方向,**随外部而变,随市场而变,随技术的变革而变,随客户而变**。

第六,以灰度洞察外部商业环境。对于外部商业环境,任总是以灰度的视角洞察的。他从来不抱怨外部商业环境的险恶,总是以乐观主义的态度评价宏观层面的问题。10 年前,华为就把竞争对手称为"友商",并把"与友商共同发展,既是竞争对手,也是合作伙伴,共同创造良好的生存空间,共享价值链的利益"作为公司的战略之一。

妥协是灰度的前提,没有妥协,就没有灰度。任总自称是"拉宾的学生""以土地换和平",但绝对不做"亡国奴"。🆔

华为技术有限公司
《华为基本法》

新希望六和股份有限公司
企业经营"十二字"方针

新奥集团股份有限公司
《新奥企业纲领》

白沙集团股份有限公司
人力资源三大机制六大体系、
文化纲要、组织结构研究

华侨城集团公司
《华侨城宪章》

广东温氏食品集团
组织变革与集团管控

深圳光启空间技术有限公司
光启颠覆式创新操作系统1.0

苏宁易购集团股份有限公司
苏宁核心理念体系、企业家思想研究

联想控股股份有限公司
企业文化提炼

美的集团
企业文化纲领、核心人才队伍建设、
绩效考核体系

变革与实践 〉〉

事业 & 组织双轮驱动的干部体系架构

■ 作者｜黄健江　安琪

作者简介

▶ 黄健江

▶ 法学博士，17 年企业管理咨询服务经验。

▶ 华夏基石高级合伙人，首席企业文化专家。除项目经历外，为朗新科技、宁德时代、华友钴业等多家上市公司提供持续的干部人才管理顾问服务。

作者简介

▶ 安 琪

▶ 管理学硕士，10 年企业管理咨询服务经验。

▶ 华夏基石高级合伙人，华夏基石企业文化公司副总经理。为多家千亿级上市公司、多元化大型企业集团提供持续的企业管理咨询服务。

注：文中案例涉及互联网时代里某知识应用型企业

知识时代，如何造就干部这一决定事业成败的核心力量？

干部是由哪些特殊材料造就的，怎么定义干部标准？

为什么说干部人才评价是干部管理的枢纽？

干部的框架、标准、评价与管理，其系统性架构如何搭建？

企业文化如何透过干部队伍建设转变为组织之魂、长青之道？

本文将为您奉献基于成功企业实践经验的系统思路

（一）干部人才问题的依据

□ 何以越来越多在市场上表现优异的公司，愈来愈焦虑于干部人才问题？

· 第一，干部人才是驱动事业成功的关键因素，这一群体虽只占员工总数的10%左右，却在90%的意义上攸关着事业的成败。

· 第二，干部人才是组织核心价值的守护者，不解决干部人才问题，组织文化的传承将面临断层，企业难以顺利完成交接班，基业谈不上长青。

简言之，驱动事业成功，守护组织价值，这是干部人才成为"问题"的根本依据。

事业及其成长是干部人才的第一依据

事业成长的三层逻辑

具体的挑战和任务 有能力的人（群体、团队） 短期时间跨度	... ...	... ...	... ...		
创意、孵化到运作成功一项可持续的业务 有事业理想、有能力、有奋斗激情的团队 中期时间跨度				......	......
整合资本、人才及其他次生资源，创造可持续发展的业务组合，建设支撑可持续发展的组织能力，推动事业于再生和裂变中实现基业长青 忠诚于组织，有大格局、高境界和高情商的团队 长期时间跨度					

统筹事业发展	只有外部束缚	事业、组织与人的理论			
		共享资源运筹（如人、财、物）	研究与规划业务协同新业务孵化预算	责任绩效、管控和激励制度	变革和可持续发展能力建设
		运营			
指挥价值创造	目的和原则的束缚	业务目的			
		特需资源运筹	策略和目标行动计划预算	责任绩效和激励方案	专业能力和队伍建设
		运营			
执行职能任务	目标和操作规范的束缚	任务目标			
		资源请求与协作需求	PDCA（计划、执行、检查、处理）	奖励与惩罚	团队建设
		指挥和指导			

事业的视角——如何理解干部人才的外延

- 以干部为主体，但非仅指干部，还包括一些虽然不带队伍，却仍属于对组织承担重大责任，对事业成败至关重要的人才。

- 像钱学森这样的首席科学家不一定有下属团队，但他们同样需要热爱事业（因爱而投入）、忠于事业（不违背组织利益）。

- 企业愈来愈关注这部分人，管理学也必须重点分析其如何管理（获得、使用和激发）。

从事业整体看，至关重要

"干部"同时满足两个三角模型

人

纯"人才"仅满足图形上方的三角模型

是团队的"头儿"

组织核心利益，是干部人才的又一依据

事业级的

事业　业务级的　组织

任务级的

- 是干部，就必须同时具备事业和组织双重价值

  · 比一般员工更能影响事业成败，更有能力。

  · 比一般员工更加忠诚、更可信赖。

- 干部之于企业的价值可以用三级刻度来度量：

  · 任务级，即项目或职能任务的指挥协调者。各项具体职能或任务的"执行"层。

  · 业务级，即驱动业务成功的关键领导力因素。各项价值创造活动的"指挥"层。

  · 事业级，即作为事业在跨时空意义上的组织者和价值守护者。或者说是整体利益与持续发展的"统筹"层。

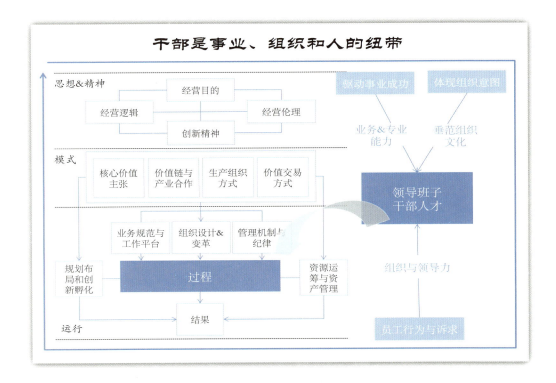

干部是事业、组织和人的纽带

（二）结构制胜

- 人都是有缺陷的。所以组织首先应当关注的，是用合理的结构来承接战略与可持续发展，同时弥补个人的缺陷，并且规避人为因素。

- 结构比任何个人都重要

    · （结构三大功能）互补、共促、制衡。

    · 平行结构、垂直结构、梯次结构、内外异构……

- 更重要的是，对于只有依靠组织才能取得成功的事业，其关键驱动因素，总是由彼此独立、相互促进并需紧密协力的多个或者多元结构构成。

    · 如后页分析。后页分析的业务领导力结构，也是思考干部人才成长逻辑的基本框架。

结构：业务领导力与班子建设模型（1）

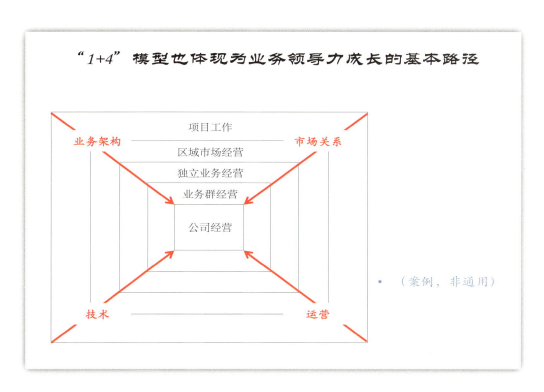

切实帮助客户解决问题的产品或解决方案

整合市场资源以获取商业机会

业务架构　市场关系

企业家精神

技术　运营

组织&整合技术力量实现客户价值

实现客户价值的同时成就公司的商业成功

- "1+4"模型（案例）
- "1"即企业家精神。有企业家精神的人，不论其来自"4"中的哪一条专业线，都可充任业务领军者。
- "4"指驱动业务的4种关键专业领导力，承载于具有管理能力的干部人才身上。

"1+4"模型也体现为业务领导力成长的基本路径

业务架构　市场关系

项目工作
区域市场经营
独立业务经营
业务群经营
公司经营

技术　运营

- （案例，非通用）

结构：业务领导力与班子建设模型（2）

- **在"1+4"模型的基础上，考虑更外围一层的领导力。** 主要包括两个部分。
①事业所需资源的运筹和管理。
②事业更有价值、更具效率和更少风险的专业技术支撑。

这些领导力要素，在不同产业和不同发展阶段的企业里，价值是不一样的，故其纳入领导班子的可能性及顺序视具体情况而定。

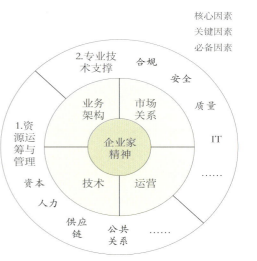

结构：业务领导力与班子建设模型（3）

①**主帅**运营：运筹帷幄，决胜千里，核心是企业家（洞察/创新）精神。
②**合作伙伴**：秤离不开砣，将相和。
③**参谋（长）**：一个七品芝麻官都需要钱粮和刑名两个师爷。
④**主力执行者**：充当先锋官和战役/战斗的主攻，是战争中尤其至关重要的局部因素，其成败足以影响全局。

结构：业务领导力与班子建设模型（3）

（1）任何业务，都包括准确地理解市场需求（及需求的满足方式）和必要的技术实现能力。组织和协调这两个要素的领导力，在任何业务的领导结构中都是相对稳定和固定的组成部分。

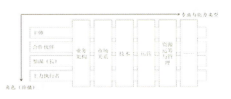

（2）业务的成功通常要依赖资本和人才这两种一次元级的生产要素。在此基础上，有些业务的成功还必须依赖于某种作为前提、或具有杠杆作用的二次元生产要素，这种二次元生产要素的获取如需通过组织协调才能获得，则最有能力组织协调这个过程的领导力要素，必定会纳入业务的领导力结构之中。

（3）当业务成型，进入对盈利和经营持续性的追求阶段，从系统工程的视角，对内部价值创造各要素和全过程实施最优化的计划、协调、监控和纠偏/改进，变得重要起来，其组织和协调者也往往会成为业务领导力结构中的一极。

基于价值分析的"结构"

价值维度				领导力要素（驱动业务成功的关键因素和必备因素）			
干部角色				价值差	A-业务架构	B-市场关系	C-技术	N……
主帅				N				
	合作伙伴			……				
		参谋（长）	主力执行者	6				
				5				
				4				
				3				
				2				
				1				

将全部的干部人才职位和干部人才团队扔进这个结构里，并比照分析。

注："价值差"指干部人才角色在事业价值图谱中的相对区间。

（三）组织培养不出全部所需人才

- 基业长青当然要求组织具备内生干部人才的能力。但也不能不承认，蕴含事业发展所需特殊人力资本的人才，往往都是偶得的。

- 非线性战略增长模式下，组织在过往的业务实践中并非必然会培养出事业需要的业务领军者和专业技术型特殊人才。本处人力资本要素取广义内涵：不仅仅包括知识和实践经验，还可能包括只有本人才掌控的商业关系资源等。

- 对于特殊人才，从大量的实践案例看，引进和整合利用的策略，即不求所有、但有所用——更为合适。

由此，应内部培养和整合利用并举

- 在管理上，分为内部培养的干部和整合利用型干部两大类

  - 有一些干部人才，难以为组织所有，但可为组织所用的，称为整合利用型干部。

  - 除此之外的，均视为内部培养的干部。不论其来源于应届生的校招，经过公司历久的培养与锤炼；还是刚从各种招聘渠道加盟组织，但公司期待其能融入事业之中。

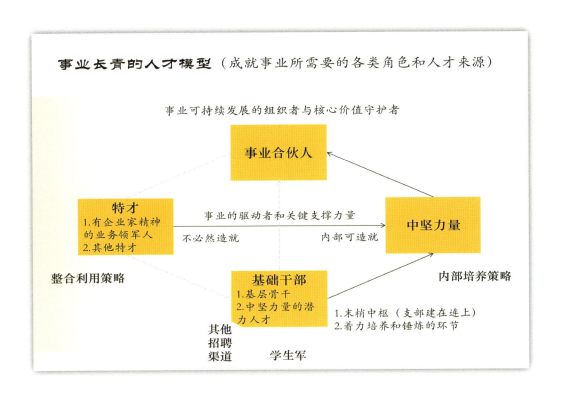

事业长青的人才模型（成就事业所需要的各类角色和人才来源）

事业可持续发展的组织者与核心价值守护者

事业合伙人

特才
1.有企业家精神的业务领军人
2.其他特才

事业的驱动者和关键支撑力量

不必然造就　　　　内部可造就

中坚力量

整合利用策略　　　　　　　　　　　　　　　　　　内部培养策略

基础干部
1.基层骨干
2.中坚力量的潜力人才

1.末梢中枢（支部建在连上）
2.着力培养和锤炼的环节

其他招聘渠道　　学生军

事业成长的三层逻辑与四类干部的角色使命

基础干部		中坚力量		特才		事业合伙人	
B-6	—	B-6	—	B-6	业务成功的驱动力	B-6	事业长青的驱动力量和关键守护者
B-5		B-5	1.业务成功的驱动力量 2.业务可持续的守护者	B-5		B-5	
B-4	1.挑战性任务的攻坚者 2.职能责任的执行者	B-4		B-4		B-4	—
B-3		B-3	—	B-3	—	B-3	—
B-2	—	B-2		B-2		B-2	
B-1	—	B-1		B-1		B-1	

不同干部人才角色对应事业组织中的不同职位

	控股集团			独立业务或业务群				业务所辖经营单元		
	管理层成员	职能负责人	专业技术带头人	业务（群）负责人	管理层成员	职能负责人	专业技术带头人	负责人	经营团队成员	项目/任务负责人
事业合伙人	☆	☆	☆	☆	☆	—	—	—	—	—
特才	☆	☆	☆	☆	☆	☆	☆	—	—	—
中坚力量	☆	☆	☆	☆	☆	☆	☆	☆	—	—
基础干部	—	—	—	☆	☆	☆	☆	☆	☆	☆

内部培养的干部，其成长路径与使用模式

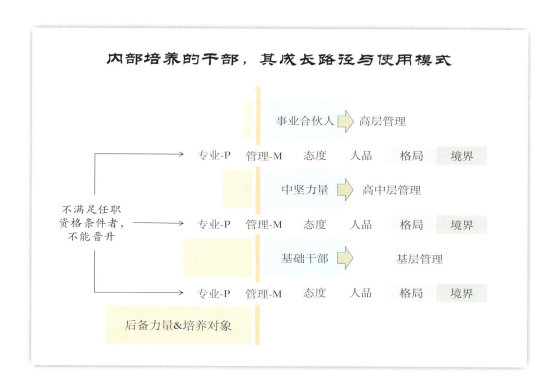

遵循结构制胜原则，依托中坚力量与特才搭班子

业务情境中以特才（有企业家精神的业务负责人）为中心，助力业务成长

特才 ＋ 中坚力量

管理情境中用好特才（不可或缺的专业技术权威专家），推动可持续发展

中坚力量+特才的两种组合形态/情境

以结构制胜为指导，既驱动业务，又守护事业

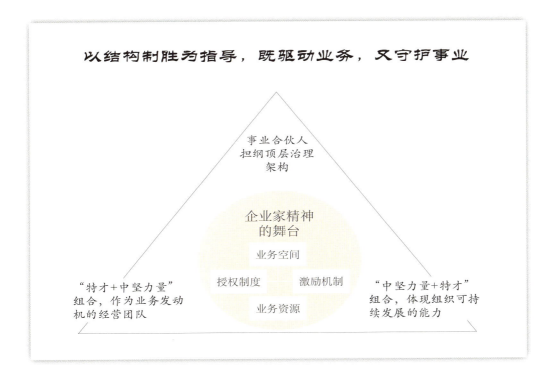

事业合伙人担纲顶层治理架构

企业家精神的舞台

业务空间

授权制度　　激励机制

业务资源

"特才+中坚力量"组合，作为业务发动机的经营团队

"中坚力量+特才"组合，体现组织可持续发展的能力

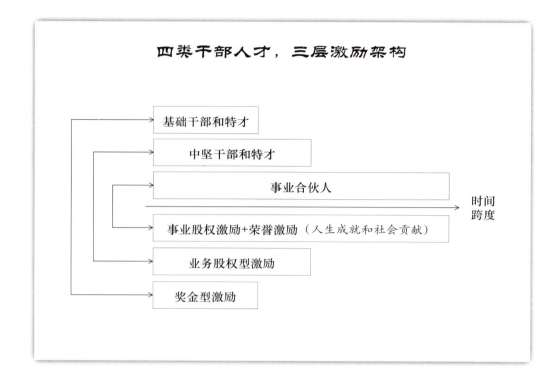

（四）干部人才胜任力

- 从驱动事业成功和守护组织利益双重需要出发，对干部人才胜任力的考量就必然与传统的理论有所不同。这其中，尤其要关注以下三方面的因素。
  - 承载于人身上的商业关系资源。
  - 个人思维、行为方式与组织倡导文化的匹配。
  - 团队垂直协作，是知识型业务的关键特征。

干部人才胜任力的通用要素结构

价值性要素　　　　　　　　风险性要素
分级管理　　　　　　　　　负面清单

能力

(P)　　　　(M)
专业与业　　组织与领
务能力　　　导力

知识　　　　　　态度　　格局　　境界　　人品

3+1必备　　　情商
基础测试
智商

人格特征

备注：干部人才胜任力通用要素

- 态度与能力共同发挥决定短期绩效。
- 格局反映人对于自我在空间关系中的定位。譬如，是以自我为中心，还是兼顾他人，乃至自觉以组织利益为先。
- 境界体现人对于自我在时间关系中的定位。譬如，是崇古怀昔，还是活在当下，或是梦想牵引。
- 品行体现人对于自我本质的认知。
- 干部在工作中的态度、品行、格局与境界，必须与组织的价值观高度匹配。
- 智商、情商和胆商是人在学习和实践中养成能力的禀赋型前提。所谓禀赋，可能既与遗传基因有关，也与后天环境，包括幼年、少年、青年到成年的成长环境有关。
- 人格特征可能有助于揭示人在态度、格局、境界和品行上的表现。

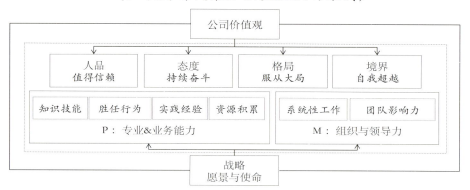

胜任力连接组织及其事业与个人
（互联网时代某知识型组织的案例）

1.**胜任行为项目**：指知识工作情境下，某一层级的个人在需团队合作的任务领域内，必须胜任的行为项目。
2.**资源积累**：不论何种工作，都可能积累相关的工作资源，其中尤指有助于驱动业务成功的人脉资源（人脉带来资本、人才、市场商业关系等其他资源）。
3.**系统性工作**：将工作梳理为有条理的组成部分和整体，善于组织分工与协同；善于抽象工作的完成过程和支撑工作完成的要素与条件，不断优化做好工作的平台、工具并改善工作条件；善于运用PDCA循环高效率地组织工作并持续改进等。
4.**人际与团队影响**：善于凝聚团队成员，构建有利于工作的人际关系，团队中有影响力。

任职资格诸要素不同的习得性差异，要求不同的管理策略

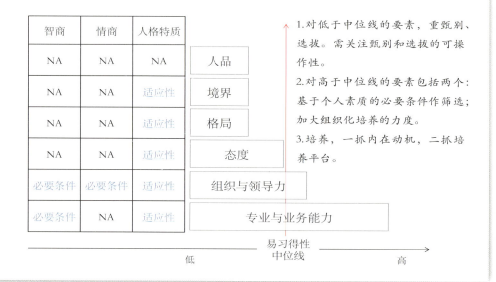

智商	情商	人格特质		
NA	NA	NA	人品	
NA	NA	适应性	境界	
NA	NA	适应性	格局	
NA	NA	适应性	态度	
必要条件	必要条件	适应性	组织与领导力	
必要条件	NA	适应性	专业与业务能力	

1.对低于中位线的要素，重甄别、选拔。需关注甄别和选拔的可操作性。

2.对高于中位线的要素包括两个：基于个人素质的必要条件作筛选；加大组织化培养的力度。

3.培养，一抓内在动机，二抓培养平台。

易习得性
中位线

低　　　　　　　　高

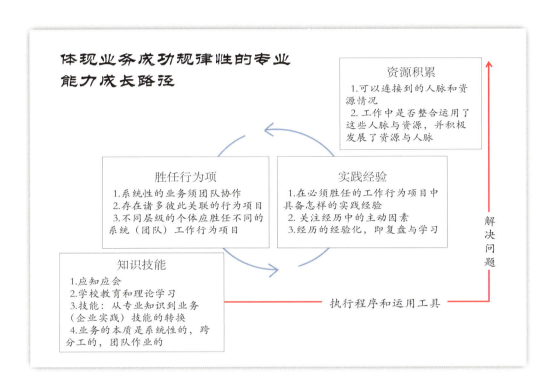

体现业务成功规律性的专业能力成长路径

资源积累
1.可以连接到的人脉和资源情况
2.工作中是否整合运用了这些人脉与资源，并积极发展了资源与人脉

胜任行为项
1.系统性的业务须团队协作
2.存在诸多彼此关联的行为项目
3.不同层级的个体应胜任不同的系统（团队）工作行为项目

实践经验
1.在必须胜任的工作行为项目中具备怎样的实践经验
2.关注经历中的主动因素
3.经历的经验化，即复盘与学习

知识技能
1.应知应会
2.学校教育和理论学习
3.技能：从专业知识到业务（企业实践）技能的转换
4.业务的本质是系统性的，跨分工的，团队作业的

解决问题

执行程序和运用工具

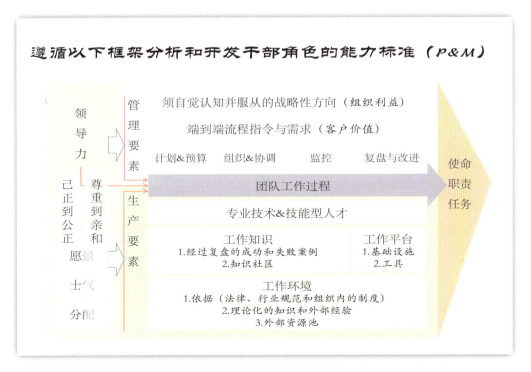

遵循以下框架分析和开发干部角色的能力标准（P&M）

领导力

已正到公正 愿景 士气 分配

管理要素

尊重到亲和

生产要素

须自觉认知并服从的战略性方向（组织利益）

端到端流程指令与需求（客户价值）

计划&预算　组织&协调　　监控　　复盘与改进

团队工作过程

专业技术&技能型人才

工作知识
1.经过复盘的成功和失败案例
2.知识社区

工作平台
1.基础设施
2.工具

工作环境
1.依据（法律、行业规范和组织内的制度）
2.理论化的知识和外部经验
3.外部资源池

使命职责任务

干部人才发展主线：造就同心同德同路人

	"3+1"基础素质	从公司战略到个人显能力						从公司价值观到个人潜能力			
		P：专业&业务能力					M：组织与领导力	态度	格局	境界	品行
		胜任行为	知识技能	实践经验	资源积累	系统性工作	人际团队影响				
事业合伙人	必测	—				要求+	—	要求	要求+	要求+	负面清单+可疑排除
特才	必测	专业等级	要求	要求++	要求++	要求	NA	NA	NA	NA	负面清单
中坚力量	必测	专业等级	要求	要求+	要求+	要求	要求	要求	要求	要求	负面清单
基础干部	必测	专业等级	要求	要求	要求	NA	要求	要求	NA	NA	负面清单

注：①"3+1"基础素质项目指智商、情商、胆商和人格特征。②"必测"指任职前必经相关测试，掌握情况，供未来管理应用的参考。③"—"指不作额外要求。④"要求"对应的是职位职级序列；"要求+"较"要求"更多或更高，以此类推。⑤"NA"表示相应管理情境中不涉及。⑥"负面清单"指只要不出现负面清单中的行为即视为合格。⑦"可疑排除"指难以排除可疑行为的，职位晋升中劣后考虑，或不予考虑。

任职资格系统中的甄别项目、工具及其评价应用

	表现评价			潜质评价[用于干部人才盘点（2）]
	用于入职选拔①	用于能力认证	用于干部人才盘点（1）	
"3+1"基础素质	智商测试	NA②	NA	NA
能力	NA	专业能力标准	绩效	NA
	NA	管理能力标准		NA
态度	NA	NA	《价值观行为评价》量表，包含态度、格局、境界三个维度的行为项目，主要从现实表现维度予以测评	动机测试
格局	NA	NA		空间思维倾向测试
境界	NA	NA		时间思维倾向测试
人品	1.品行项目 2.品行甄别标准	NA	1.品行档案 2.品行甄别标准③	NA

注：①本处"入职选拔"取宽泛的时间跨度，大体从招聘筛选，到试用期考察决定转为正式员工为止。
②NA意指相关管理情境中不涉及。
③本处品行管理不仅仅用于干部人才盘点（1），也用于干部人才盘点（2）。

抽象或通用的干部任职资格标准（1）

维度	标准要求	管理模式	
		过程管理	结果管理
工作能力 01	有能力在所负责的工作领域，带领团队基于公司的要求和企业发展需要创造高绩效 任职资格标准-P（S-1） 任职资格标准-M（S-2）	1.专业能力认证 2.管理能力认证 3.领导力评价（盖洛普Q-12）（作为管理能力认证的组成项）	绩效评价
工作品行 02	诚实和正直（S-3）	4.品行档案。①负面行为管理，未发生公司定义的负面行为，即视为符合公司要求。②可疑排除管理，存在可能损及人品评价的可疑行为，基于事实不能确定性地排除可能性的，不能晋升为事业合伙人	干部人才盘点（1） 干部人才盘点（3）

抽象或通用的干部任职资格标准（2）

维度	标准要求	管理模式	
		过程管理	结果管理
工作态度 03	不辞劳苦、拥抱挑战、锐意创新的奋斗精神 S-4	5.劳动态度表现（量表。①必察项目关注工作投入；②关键项目，关注目标压力、任务挑战和组织需要情境下的个人行为反应），作为《价值观行为评价》的一部分	干部人才盘点（1）
工作格局 04	服从大局、团队精神和成就他人 S-5	1.工作格局表现（量表，关注团队工作、他人求助和组织需要情境下，可能引发收入、职位、名/声/荣誉、时间精力、个人舒适区等利益冲突时的个人行为反应），作为《价值观行为评价》的一部分 2.空间思维倾向测试（从各种有效的非工作情境，探寻个人在空间关系和意义上的思维方向倾向和特征）	干部人才盘点（1） 干部人才盘点（2）

抽象或通用的干部任职资格标准（3）

维度	标准要求	管理模式	
		过程管理	结果管理
工作境界 05	不断超越自我 S-6	1.工作境界表现（量表，关注变革造成利益冲突、履行新职责、达成中长期目标或任务，必须基于自身的自我否定、学习并在新的实践中学习与改变才可能胜任或干好工作的情境下的个人行为反应），作为"价值观行为评价"的一部分	干部人才盘点（1） 干部人才盘点（2）
		2.时间思维倾向测试（从各种有效的非工作情境，探寻个人在时间关系和意义上的思维方式倾向和特征）	

（五）宰相发于州郡、将帅起于行伍

- ❑ 起伏成长的业务实践，是内部培养干部的第一基地。
- ❑ 内部培养干部，在条件允许下，要尽可能为干部提供多元化的业务工作环境考验，和工作岗位锻炼，走"训战合一"的干部培养道路。

- · 刻意制造挑战性环境。
- · 异构与融合环境。
- · 轮岗。
- · 批评与自我批评纳入组织化的工作复盘流程。
- · 对重点培养的干部人才，可以执行越级汇报和跨级辅导制度。

充分运用项目型工作，训战结合，打造干部人才培养的基本平台

- 各类项目是最好的训战平台。不论是对外创造价值的项目，还是对内提升能力的项目。

  - 项目具有明确的目标，与其他工作相对隔离，有利于干部人才把握好工作的资源、边界，同时是否做好，也有明确的衡量标准。

  - 项目往往是阶段性的，从计划到执行到总结提高（复盘），全流程全方位锻炼，还有助于经历经验化。

  - 项目有独立和清晰的目标，目标背后是组织的目的（对组织的整体和长远意义）。正确地处理项目目标和组织目的之间的关系，有助于干部人才既做好工作，又培养整体和长远意识。

  - 项目往往是跨职能、跨部门的，有助于提升干部人才的领导力和协调组织能力。

（六）干部人才评价的三大系统

- 能力认证、绩效管理和干部人才全面盘点，是干部人才评价的三大系统

  - 能力认证主要与职级挂钩。

  - 绩效考核主要与绩效奖金挂钩，同时也是干部人才盘点的输入条件。

  - 干部人才盘点，与干部选拔、任用、淘汰、长期激励和重点培育挂钩。

  - 通过干部人才盘点，还可通盘规划干部人才发展规划，系统反思和优化干部人才管理体系的制度设计。

  - 三大干部人才评价，尤其是干部人才盘点，是干部管理一切基础工作的收口，同时又是干部人才管理各种应用的出口，在干部管理体系中居于最核心的枢纽地位。

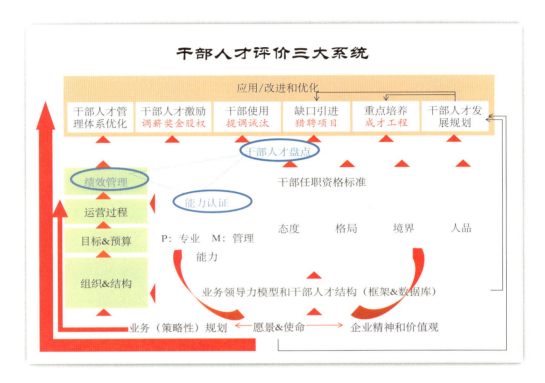

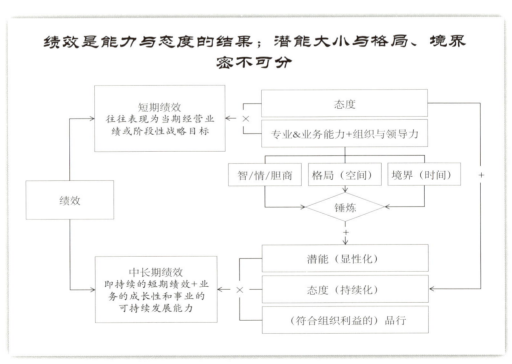

干部人才盘点的输入及要回答的命题

☐ **输入**

- 公司事业发展需要怎样的人才（从愿景与使命和战略规划中推导）？
- 公司的事业今年绩效结果怎样，符合预期吗？
- 现有干部人才数量与结构？

☐ **输出**

- 这些干部干得怎么样，充分努力/发挥了主动性、积极性和创造性了吗？
- 干得不错的干部，还有潜力吗，是否可以发挥更大的作用，做出更大的贡献？

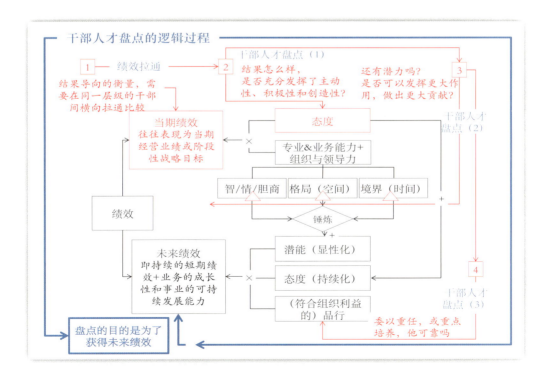

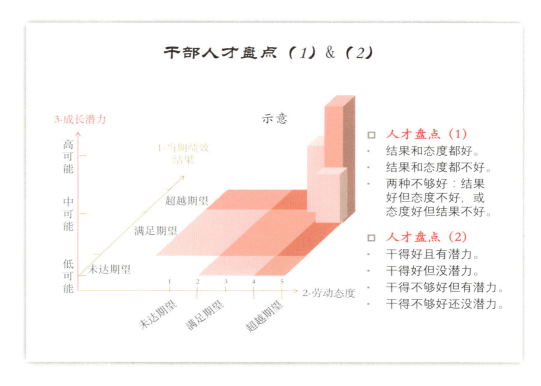

干部人才盘点（1）&（2）

3-成长潜力

示意

1-当期绩效结果

高可能
中可能
低可能

超越期望
满足期望
未达期望

1　2　3　4　5　　2-劳动态度

未达期望　满足期望　超越期望

□ **人才盘点（1）**
· 结果和态度都好。
· 结果和态度都不好。
· 两种不够好：结果好但态度不好，或态度好但结果不好。

□ **人才盘点（2）**
· 干得好且有潜力。
· 干得好但没潜力。
· 干得不够好但有潜力。
· 干得不够好还没潜力。

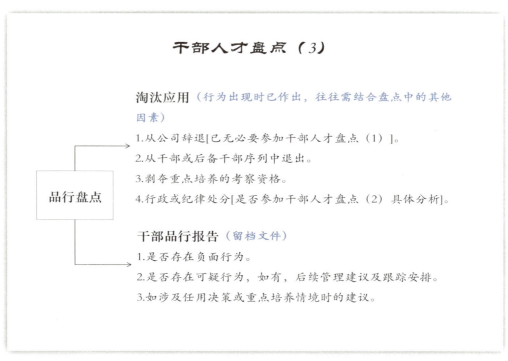

干部人才盘点（3）

淘汰应用（行为出现时已作出，往往需结合盘点中的其他因素）

1.从公司辞退[已无必要参加干部人才盘点（1）]。

2.从干部或后备干部序列中退出。

3.剥夺重点培养的考察资格。

4.行政或纪律处分[是否参加干部人才盘点（2）具体分析]。

干部品行报告（留档文件）

1.是否存在负面行为。

2.是否存在可疑行为，如有，后续管理建议及跟踪安排。

3.如涉及任用决策或重点培养情境时的建议。

品行盘点

（七）基于干部人才评价的差别化管理

- 在干部人才评价的基础上，要对干部人才分出三六九等，并施行差别化的对待，这在长期管理维度上，譬如说涉及继任计划和接班人培养，长期激励及组织的核心价值守护等，意义更加凸显。

- 在这方面，像GE（通用）这样的公司有"二七一"的划分法。华为、阿里这样的优秀企业也在事实上推行了有自身特色的差别化干部人才管理模式。

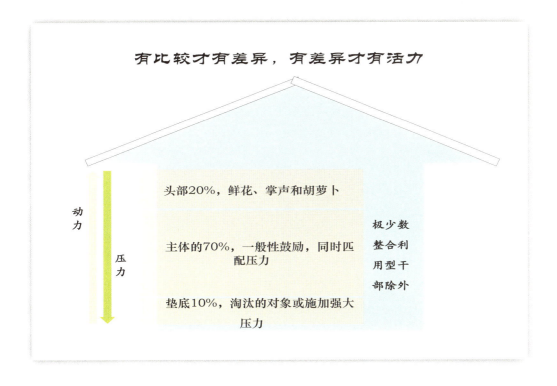

有比较才有差异，有差异才有活力

头部20%，鲜花、掌声和胡萝卜

主体的70%，一般性鼓励，同时匹配压力

垫底10%，淘汰的对象或施加强大压力

动力　压力

极少数整合利用型干部除外

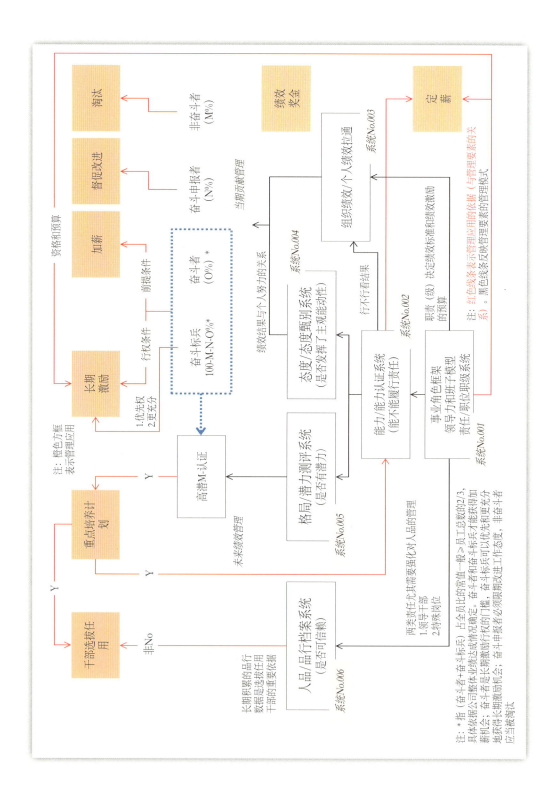

事业长青的制度设计要点

□ **造就干部人才内部成长体系，使内部培养的干部成为事业发展的中流砥柱。**

  · 功能性组织规范发展，在系统性的功能结构中培养人才，在压力和奋斗环境中锤炼人才。

  · 积极发挥中坚干部的巨大能量，提升事业长青所依赖的组织化能力；打造中坚力量与特殊人才的坚强组合，构筑业务成长的驱动力量。

  · 塑造值得信赖的事业合伙人团队，透过法人治理结构，确保重大人事任免、战略调整与变革、重大投资项目符合可持续发展的需要。

□ **建设信任、包容和与人分享的事业平台**，开放聚才，充分发挥各类人才的人力资本价值，共担、共创和共享事业成功。

□ 依靠**组织、人才（不同类型、不同层次的）和机制**的组合，设计制度化的接班模式，打造事业长青的完整体系。

增长的逻辑
——从事业合伙制谈起

> 我把增长战略总结成这样几句话：外盯机会，内靠优势，聚焦增长，乘胜追击，人才保障，机制驱动，平台赋能。

■ 作者｜陈 明 华夏基石集团副总裁

有质量的增长一直是发展事业的第一要务，事业合伙人机制一定是要实现企业的增长，否则没有意义，可以说，事业合伙制作为一项机制制度安排，它的核心功能就是增长。

增长是必需的，但过去土地、资金和劳动是创造价值的三要素，现在知识更重要，可以说有了知识，就能带来传统的三要素。知识员工的管理是现代社会面临的必须解决的重大命题，它需要治理机制的创新。

事业合伙人机制就是一种重要的机制创新。它不是分配机制，也不是简单的股权激励。它是一种组织机制，可以把企业主要的生产力要素组织起来，实现共识、共担、共创和共享。

华夏基石提炼了事业合伙机制的32字价值新主张：志同道合，利他取势；共担共创，增量分享；相互赋能，自动协同；价值核算，动态进退。

关于事业合伙制的内涵，我们有一系列的文章（参见《洞察》第48辑），本文主要探讨的是实行事业合伙人机制与事业增长的关系，聚焦事业增长，突破事业增长的瓶颈。

一、增长的边界

1.市场对增长的影响

产品或服务市场的规模对增长产生着深刻的影响，著名经济学家张五常说经济学就是六个字：需求、成本、竞争。需求绝大多数时候受成本、竞争的影响，一般来说，低成本能启动大规模需求生成，竞争从某种程度上也能造成需求规模的扩大。当年杜邦公司就是走这个路子，发明一个新材料，只要收回成本后，就授权给几个竞争对手生产，大家一起创造出更大的应用市场，很多的市场应用是出乎意料的。

此外，竞争能有效地降低成本。智能苹果手机一开始卖得那么贵，每台手机赚得暴利，小米手机看到这个当中的机会后，生产了价廉物美的手机，促进了智能手机需求市场的大规模出现。**新技术要突破市场，降低成本非常重要，克里斯滕森在《创新者的窘境》一书中也特别强调这一点，他做出了一个量化的结论：新技术要实现对其他技术的颠覆，至少要降 30% 的成本。**

很多新东西一出来就谋求暴利，卖得太贵，因为暴利的诱惑，其他的逐利者很快会进来。有时供应商的傲慢也会导致自己失去市场优势，给了竞争对手和新创企业巨大的机会。当时通信业"七国八制"，国外通信设备巨头非常傲慢，先打款一年才能提货，并价格昂贵。华为抓住了这个千载难逢的机遇发展起来，并使得自己这个后来者迅速地超越。

傲慢最终导致了早期垄断者的衰退。所以，**必须告诫那些现在业务正处于鼎盛时期、市场在握的企业，千万不能傲慢，傲慢就是给竞争对手可乘之机。**

如何判断市场何时启动？这里面需要很多配套，是一个系统工程。举个简单的例子，新能源汽车行业的启动为什么这么慢？因为它需要的配套太多了，这些东西要都跟上，产业才能爆发。手机、计算机产业都是同样的道理，都是一个系统，缺一块儿都不行。西方把这叫作广角镜战略。以新能源汽车为例，如果大家都开着它上下班，那么上班前和下班后都是充电的高峰，这对电网容量和充电桩设备的要求就很高了，这就要求储能市场要具备较高的技术应用水平，这些技术条件都得到很好的解决后，才使得行业的爆发具备了必要条件。

2. 影响增长的另一个因素是渠道

企业要研究如何借助社会资源，如何构建迅速抵达客户的方式以及调整价值流的粗细。

当年我在美的做文化咨询时，我跟他们讨论，一个伟大的企业是不是应该帮助供应商也发展起来？我问他们："有没有供应商是你们美的培养起来的，供应商也发财了的？"后来大家明确了一点，不能压供应商的钱。到年底美的的财务给何享健汇报说有，80亿元应付账款，如果多压1个月，我们就能多得多少钱，结果被老板骂了一通，老板要求财务抓紧给供应商付款。

如何对社会资源、销售渠道很好地加以利用？如果销售渠道太细，不能接触到广泛的社会资源，业务发展就很慢，就很难起来。现在的市场竞争日趋激烈化和多元化，一般的企业如果对产品不是很有把握，各方面不是很占优势，就去市场上招商，机会就不是很多，一般情况下很难做起来。除非你的产品特别牛，投放市场后消费者特别喜欢，经销商铺货以后都能赚到钱。

包政老师所说的营销的本质，从**企业→经销商是大规模分销，从经销商→客户是做深度分销，从企业→客户是社区营销。**TCL请包老师做咨询，拟定的战略是速度抗击规模，这个战略思想源自日本企业给包老师带来的启示，如卡西欧以快速竞争超越了夏普，娃哈哈的鼎盛时期也是用速度抢占市场，全国迅速地大规模铺货，让竞争对手无暇应对。

> 新技术要突破市场，降低成本非常重要，克里斯滕森在《创新者的窘境》一书中也特别强调这一点，他做出了一个量化的结论：新技术要实现对其他技术的颠覆，至少要降30%的成本。

各种营销模式的目的都是使价值流迅速地抵达客户，如果做不到这一点，你的规模就做不大，业务规模受限，就不能顺利发展起来。渠道的变迁使得渠道力量空前增大：传统零售是技术引领生产变革，生产变革引导消费方式变革，新零售则是以消费方式逆向牵引生产的变革。

在移动互联网时代，整个零售领域危机的来源，是技术力量的崛起和新增客户（人口结构的变化）消费习惯及购买力结构的变化，年轻人不再喜欢光顾百货商店、传统店铺了。

3. 要素市场对增长的影响

要素资源包括原料、人力资源、资金、关键设备、关键资源、关键部件或元器件等。大产量需要具备大规模原料的可得性，举个例子，为什么中国的茶叶做不大？一旦强调产地，就意味着做不大，产地就是空间上的竞争。好茶叶要符合土壤、温度、气候条件等特定因素，产出一定是有限度的。杭州当地的茶叶产出量其实不多，现在要供应全国客户，产能怎么可能达到要求？小罐茶之类的高档茶品现在也很时兴，但如果产能不断扩大，标准控制不住，就要做假了。

消费和资源之间就存在这么一个关系，一个好东西出来了，如果大家都想要，都要享受，资源就不够了。

要素资源对增长的制约，另一个突出的例子是三星、英特尔、台积电这三家垄断了 EUV 光刻机，尤其三星公司，它控制了关键设备，让中国半导体产业落后一大截。这不像别的技术，你可能还有去"偷师"和赶超的机会，微电子技术你去看也可能看不会。

制造业的核心竞争力一定包括设备和工艺，最有竞争力就是自己能研发生产关键设备，如果没有自己的设备制造技术，那就没戏了。机器人产业现在是日本掌握着关键技术。虽然计算机时代和移动互联网时代日本都没有跟上，但它赚的钱不少，因为关键元器件技术被它掌控着。日本人擅长做精密的小东西，精密的元器件它做得最好，精密工艺是它的核心竞争力。

4. 管理能力、风险及不确定性对增长的影响

管理能力实际就是把要素资源组织起来为客户创造价值，实现组织目标。现在企业的经营场景不同了，组织理论也在进步。过去包老师常讲组织的核心在于效率、在于聚焦。那么现在，组织的适应性也很重要。

现在企业文化都在面临挑战，大家都在思考，到底应该统一于价值观，还是统一于使命、愿景？价值观过于整齐划一的话，又如何适应多变、多元的客观环境呢？

对相对确定的产业，你可以讲价值观的统一，但同时一定还有一批人，他们的价值观不能统一，怎么理解这个不统一？其一是行为可以不同，但要保持一个底线；其二是价值观要服从于使命、

愿景，用愿景去牵引新的事业。正如彭老师所言，小人物要做大事业的时候到了，如果还抱着整齐划一的价值观，组织可能就死得快。像阿里、腾讯这类企业，保持活力是它们制胜的一个重要因素，活力就是适应性。

二、如何突破增长瓶颈

我研究增长是把它放在场景中去观察和分析。我把增长战略总结成这样几句话：外盯机会，内靠优势，聚焦增长，乘胜追击，人才保障，机制驱动，平台赋能。

机会扫描的对象是市场/客户、竞争对手、渠道、产品，这些是产生机会的地方。

（一）机会识别是对行业的大形势做出判断

1. 看产业处于什么样的市场

◆ 新兴市场：市场已经启动，风口形成。

◆ 大势市场：市场增长较快，增长率大于GDP。

◆ 成熟市场：增长放缓，市场结构基本形成，第一集团军已形成。如现在的汽车市场，增长率小于GDP，增长已经放缓。如果你没有颠覆性技术，能够将行业的成本降低30%，就没什么超越的机会了。

行业出现负增长：资金流出来，一流人才不流入，行业人才也开始释放出来了。谷歌最大的竞争对手是美国航空航天局（NASA），一流人才是它的一个竞争内容，谷歌的使命是用技术来解决人们最为关切的问题，可谓抱负远大；百度的竞争对手却是美团，大家在外卖业务上比拼，这个竞争的境界与谷歌就不是一个等级的，比前者差了很多。

不同的市场，机会点是不同的，比如：

新兴市场：市场刚刚形成，牵引市场，迅速形成规模优势。企业这时的战略可能是拼命争取做全国第一、世界第一，尽全力铺市场，美的早年就是规模战略。随着确定性的增强，优势资源逐步加码，并能快速形成成本竞争力。

大势市场：群雄逐鹿，市场结构还没有形成，实行数一数二战略，以速度/优势或壁垒掌控市场。此时追求市场占有率，快速做大规模，创造资源、机制上优势等。

成熟市场：市场结构已经形成，出现第一集团军。此时的策略是产品结构优化，创新市场。比如，细分市场（场景），这个时候做得越细越好，从而做透一个市场。

所以，对企业家来说，**洞察力最重要**。洞察力是企业在复杂环境下制胜的法宝，杰出企业家都富有洞察力。马云一个厉害的地方就是能在机会刚刚出现的时候看清楚大趋势，这时别人还没看清楚，看到的也不相信，如果大家都看清楚了，这个机会肯定就没有了。

宁德时代（CATL）从做小电池到动力电池，它抓住了与宝马公司合作的机会，致力于规模化。 CATL是怎么得到合作机会的？松下太强了，德国人不愿意看它的脸色，于是他们把中国各地做的小电池都买回来做测试，发现其中有一个ATL东莞新能源生产的小电池质量最好。宝马的全球采购就派了一个人去找他们，说他们小电池做得好，希望也能做大电池，东莞新能源的老板看到了大好机会，积极表达了合作的意愿。宝马给了他们一个800页的产品手册，东莞新能源就在福建宁德大幅投入，招了2000多名工程师来研究工艺和设备，对

外宣传自己在和宝马合作，吸引全球的华人科学家纷纷前来合作。宁德时代致力于规模化，迅速做大规模。并且全球布局，追求产能全球第一。

宁德时代就这样发展起来了，2014年才成立，现在已经上市。目前拥有8000名工程师，工艺水平较高，生产供给稳定。

这说明什么呢？真正的大企业，在低潮时押宝趋势，至少成功经历了一个逆周期发展。

三星公司在半导体行业也进行过逆周期操作：

◆ 20世纪80年代中期，DRAM芯片价格不断下探，三星继续投资扩大产能，开发更大容量的DRAM。1987年行业出现转机，美国对日本发起反倾销，价格大涨。

◆ 1996—1999年，全世界的DRAM销量呈现负增长，三星却积极投建了4个工程，这个策略后来被证明是非常成功的。

市场趋势明显的时候，大家的战略都是趋同的。企业的首席战略官看的书

基本是一样的，但洞察力不是能学来的，是靠实践和思考得到的。常言说天道酬勤，但除了勤奋，深入思考对于成功也同样重要。

2. 从竞争的角度识别市场机会

(1) 替补战略。

◆ 产业转移。

◆ 替代欧美、日本、台湾、韩国。

◆ 从低端做起。

(2) 跟随战略。

◆ 对标。

◆ 全球前三名。

◆ 向中高端进军。

(3) 引领战略。

◆ 无人区。

◆ 创造一个新市场／高附加值。

3. 从产品的角度看机会识别

◆ 低端向中高端攀升。

◆ 中高端防止别人逆袭。

低端产品要不要做？

◆ 只要相对的大市场 。

◆ 低端市场要覆盖，防止竞争对手从下面向上攻，有时候会出现逆袭。

◆ 低端产品要用低端产品的做法，低端产品要像钞票一样，标准，免维护，甚至自我维护。

华为的成长充分说明从底线攻上来的可行性，当一个行业存在暴利的现象，其实是非常危险的，别人从底下向上进攻时，你要有防御手段。海康威视公司据说是中国公司中最早接触到克里斯坦森所说的"创新者窘境"理论的，它的中低端产品做得非常便宜。所以企业在进入佳境后，一定要考虑降低成本问题，不要高枕无忧，以为别人赶不上了。

4. 从渠道的角度看机会识别

◆ 新趋势：线上与线下相结合，线上只占20%。

◆ 渠道的崛起：品质升级，做产业链的组织者，从效率到信息密集。最新统计数据是电商渠道占据了19%，还没有达到令大家真正恐惧的程度，但现在企业经营的做法已经被这个格局改变了，线上和线下要重新解构。天猫、京东、苏宁都在积极布局线下。我在京东小店特意去观察它如何做线下的覆盖，看它怎么推送订单、怎么送货。京东把线上线下都布局好以后，比如你在线上下单，它可以看到你在哪个小店的区域内，这样能把它的资源综合起来解决很多问题。这样一来，仓库的周转率就提高了，降低了成本。京东和沃尔玛谈判

> 华为的成长充分说明从底线攻上来的可行性，当一个行业存在暴利的现象，其实是非常危险的。

◆ 现有哪些客户与我们关系良好？

◆ 现有产品的竞争力如何？

◆ 现有渠道资源如何？

◆ 现有技术资源如何？

◆ 现有工程能力如何？

◆ 现有资源优势如何？

◆ 现有人才优势如何？

◆ 现有赢利能力如何？

◆ 现有关系资源如何？

时，高管团队3个月没谈下来，后来刘强东去谈，他别的不多说，重点就说京东将会怎样为消费者降低成本，加快库存的周转，减少过去的无效搬运，话说完，1个小时合作就谈成了。

（二）企业的优势在哪里
外延式增长、内涵式增长

企业要做战略规划的时候，大家应该先把自己的优势和劣势梳理一遍，因为面对的市场类型不同，你需要具备的优势资源要素也不同，所以先设计自己的优势矩阵，做好这个定位。企业要判断一下自己的哪些产品在市场的哪一块占据优势，针对性地制订资源配置的规划。

◆ 现有哪个市场表现出相对优势？

◆ 现有哪个产品在市场中表现好？

中国很多企业在早年是靠营销起家的，美的也是这样。家电行业的技术进步比较慢，适合进行规模营销，美的看准了这一点。技术和工程都需要沉淀，靠时间和人才的积累，靠技术和工程取得优势需要比较长的时间。移动互联网对市场和资源的颠覆在较短时间内就做到了，而对技术和工程的颠覆则需要一个更长的时间，现在这个过程已经开始了，等于进入了移动互联网时代变革的下半场。

（三）聚焦增长，乘胜追击
1. 增长的方向

◆ 产品市场。

◆ 某一类市场或地理市场。

◆ 价值链。

◆ 多元化。

钱德勒的大企业定律：数量 → 区域 → 价值链 → 多元化。

钱德勒总结的工业时代的规律能否适应信息时代？新型企业确实取代了市场的某些功能，它自己来协调从原材料生产经由若干生产过程到销售，再到最终消费者的商品和服务流程，并将其一体化，新型组织对生产、营销过程的协调和对企业一些传统功能的替代，是生产率提高的源泉。我觉得这是有道理的，以产品规模覆盖区域，把规模做起来，然后再做价值链和多元化，依照这样的增长矩阵能规避一部分风险，步伐比较稳健，工业时代的大企业都是这样做的。

我们可以思考一下电子行业。大家可以看到现在 5G 和智能视频领域还没有发展起来，**手机业务发展已经放缓，它们的增长空间压力还是比较大的。**产业史上技术差的企业打败技术好的企业的先例比比皆是。华夏基石与深圳一家企业合作，这个企业有一些技术非常强，但技术太强了也不行，技术要与市场实现双轮驱动，技术要服从规模。

2. 深淘滩，低作堰（盈利模式）

实际上暴利会给整个产业带来机会，一旦竞争对手进来，大力降价，你原先的市场地位就被动摇了。深淘滩的意思是要深入挖潜技术和工艺，打好核心产品的基础；低作堰的意思是扩大规模，降低成本。这样竞争对手就不容易打进来了，这是安全的经营模式。一味追求暴利会给自己带来麻烦，要适时地降价，手机产业就是这样，竞争对手要冲进来的时候，你要做好战略定位，不失时机地实行全面降价，对手就被你打趴下了。

3. 战略定位

◆ 产品市场做到数一数二。

◆ 某类市场或区域市场做到数一数二。

全覆盖战略：从中高端往下做。

产品升级战略：从低端向上攻。

细分战略：定位某个场景或细分市场。

（四）人才保障，机制驱动

以责任成果的方式把增长落实到组织层面。内部形成一个"任务市场"，针对每一个"任务"明码标价，内部"招标"，每个团队可以"揭榜"，优先内部团队，可以不拘一格用团队，可以适当地通过外部招募团队（一流机制、一流人才），训战结合，用战功来评价。

这也就是事业合伙人的模式。

1. 小组织、自驱动、低成本、高回报

◆ 市场压力直接传递的，就可以简化层级，信息最为准确。

◆ 根据信息与数据，进行修正和调整。

◆ 机会—项目—公司，谁立项，谁负责，做大就独立。

◆ 多用机制，少用管理，管理是有成本的，干好干坏，让市场去评价。

一些移动互联网企业并不是没有考核，而是用机制代替了一部分考核。

2. 用机会牵引人才，优质资源和人才必须向机会倾斜

在这些年的咨询实践中，我发现了一个比较普遍存在的人才误区，就是优质资源和人才都放在了老业务区域。

一些老板为了确保老业务的利润，把人才和高薪酬都放在老业务区域。可是，如果新机会都用水平差的员工去做，你怎么能把握住机会？所以创新业务一定要让公司最优秀人才去做，要舍得放弃一部分老业务，把人才释放出来。必要的时候，老板必须突围，尤其是企业转型的时候，老板一定要全力推动。

很多公司把优秀人才配置到解决问题中去，问题解决了只能带来正常经营的恢复，对进一步的发展并无助益。谨记，不要为过去而战，成本一定要面向未来，这是张五常的思想，我很受益。

几个关于转型创新期人才的"秘籍"。

◆ 人才从本质上讲是用出来的，打出来的，是实践出来的。

◆ 放手干，有人兜底。

◆ 必须有历经危机、失败、逆境或高压下备受折磨的经历。

◆ 人需要压力测试。

◆ 关键要看他在边缘化状态如何突围的。

◆ 组织结构有利于人才辈出。事业部出人才，打粮食部分出人才，综合岗位（职责范围要宽）也能锻炼人才。

◆ 谨防老板能力太强又精力旺盛，事无巨细都要管，大树底下不长草。

3. 人才管理关键在于机制

人才管理关键在于机制，这是我的一个观点，人才机制要做到：

（1）考核与评价分离。

◆ 对于基层员工，以考核为主，鼓励英雄主义。

◆ 对于层级高的员工，更重要用价值观来评价。

（2）升官与发财分离。

◆ 升官：可以理解成晋升、中长期等利益。

◆ 发财：短期利益为主，达标就拿钱。

华为人才培养的战略导向是在资源上投放高度聚焦战略，在利益分配上倾向于战略贡献。根据当期产粮多少来确定经济贡献，根据对土壤未来肥沃程度的改造来确定战略贡献，两者要兼顾，没有当期贡献就没有薪酬包，没有战略贡献就不能提拔，这就是以战略为导向的分钱机制。比如聚焦于主航道的市场份额、大客户、格局项目、"山头"项目、未来业务等，通过干部的晋升、配股、专项奖等进行重点激励。

在战略性项目或市场、艰苦的地方、"恶劣的战场"等去打拼容易得到提拔，这样员工才愿意到新业务区域、艰苦地区去拼搏，这样的人才机制才是奋斗者文化的具体体现。

（3）人与事分离。

对人评价：

◆ 灰度。

◆ 宜粗不宜细。

◆ 聚焦人的长处。

◆ 底线思维。

◆ 从众不从贤，这样能保证对人的评价客观公允。

对事评价：

◆ 复盘。

◆ 宜细不宜粗。

◆ 聚焦改善，高标准严要求。

◆ 做成思维。

◆ 从贤不从众。什么事情都要大家都认识一致，那就没有机会了。

4. 人才战略

◆ 准企业家需要决断力，尤其要训练压力场景中的决断力。靠讲课和案例研究是培养不出人才的，训练和考验一定要结合场景。

◆ 责任承担者需要理解力。

◆ 基层需要执行力。

中国企业的人才总的来说是自我培养为主。我对训战结合的理解是"用兵不养兵"，把人才派到前线去打仗。华为就是这样做的，把战略预备队派到全球去实地作战。训练时制订真正的作战方案，比如要攻打广东市场，先把这个市场的情况摸清楚，然后大家做方案，讨论碰撞，选出最好的方案付诸实践。

从独木成林到森林的人才驱动。一个企业要真正壮大，一个必备条件是每个层面都人才济济。中国企业要学美的、万科，这几个企业在接班人文化上都做得很好。美的培养了很多年轻的人才，在岗的人找不到理由撂挑子，你干不好，马上有人来接替你，变革所需要的人才梯队充足。大部分企业为什么不容易变革？因为没有人才池，人才匮乏，靠老板自己卷起袖子干的企业都搞不大，道理就这么简单。

（五）平台赋能，面向未来，保持活力

在多变的时代，保持组织的活力与张力非常重要，面对机会要兴奋，内部要形成一种蓬勃向上的文化。华为很重视组织的"熵减"，奋斗者文化深入人心。阿里做"熵减"的方法跟华为不一样，比如马云经常会每隔几年来一次"粗暴不讲理"，销售规模要倍增，资源要减半，下面的人就要按照这个目标去执行，若要目标达成，除了创新别无出路，这就是阿里的"熵减"。

把自己的优势"耗散掉"。把利润投向未来，现金不能分太多，华为的做法是折腾干部，用"饿狼"换"饱狼"，在最佳的年龄、最佳的岗位，用最佳的姿势，做出最佳的贡献（黄金10年）。在成功的时候开始变革，苏宁在这一点上做得很好，庆功会第二天就谈危机，积极面对未来，革命者永远年轻。

组织要保持开放的、随时拥抱变革的心态，正如吴春波老师强调的，"熵减"包括：新知识、新成员、简化管理、主动调整、反懈怠。

现在都在讲"赋能"，我认为赋能就是两个内容：一是你要把信息传输给对方；二是要进入实战，赋能就是"信息＋实战"。

最后讲一点，企业要为未来投入。一般来说，这个阶段的企业人才开始超强配置，有的方面开始好几个萝卜一个坑。绝大多数企业做不大，转型变革做不好就是输在这个点上。必须强调一点：**在发展过程中要为未来配置资源，成功的增长战略一定是面向未来的。**

长虹改革：
差异化管理激活干部队伍

■ 作者｜张百舸　华夏基石集团副总裁　北京大学光华管理学院博士后

在绵阳市委市政府的支持下，长虹近三年在国企改革方面实施了一系列重大举措，且在经营方面收到了一些明显成效。2016 年，长虹集团实现扭亏为盈，企业经营回归到良性增长通道。借用长虹集团李进总经理述职所言：三年来，集团销售规模保持中高速增长，规模销售收入站稳千亿元台阶；可持续盈利能力有所改善，整体经营性利润呈上升趋势；业绩亏损的经营单位数量逐年减少，业绩改善的经营单位数量逐年增多；"十三五"规划推进较为顺利，部分目标有望在 2019 年提前实现。

激发企业活力是国企改革的核心，也是根本目的。集团董事会加强完善长虹公司领导班子建设、优化高管人员结构，并对企业领导人实行分层管理。其中，长虹围绕着干部队伍进行的分层次差异化管理实践，是长虹改革取得初步成果的重要因素之一。

市场化聘任总经理，打破行政任命常规

根据四川省出台的《关于省国有重要骨干企业董事会选聘高级管理人员的指导意见（试行）》文件要求，即以市场化改革为方向，加快建设一支充满活力的优秀职业经理人队伍，其中竞争性企业新任高级管理人员将以市场化选聘为主，选聘范围包括总经理、副总经理、

总会计师、总经济师、总工程师和公司章程规定的其他高级管理人员。

2015年7月8日，四川长虹电子控股集团有限公司面向全球选聘总经理，历经4个月的严格甄选，2015年11月25日，原四川长虹电器股份有限公司董事李进成功当选，聘期三年，李进博士也成为长虹电子控股集团有限公司成立以来的首任总经理。2016年1月又完成了集团经营管理层副职选聘工作。至此，长虹电子控股集团有限公司经营管理层全部实现由"组织任命"到"市场化选聘"。作为四川省最大的完全竞争领域的重要国有骨干大型企业，长虹集团开创了四川省国企干部人事体制改革的先河。

据长虹内部人士透露，虽然李进博士来自长虹内部，但总经理人选的甄选标准确实参考全球化优秀职业经理人的标准，李进博士最后靠其优秀的经历、专业的背景、全球的视野等综合因素获得了董事会的一致认可。与传统国有企业人事制度不同的是，本次集团经营管理层全部实行聘任制和契约化管理，其薪酬将直接与考核结果挂钩，据了解，新任总经理李进博士的基础年薪比集团董事长赵勇还高，充分体现"市场化来、市场化去"的原则。

市场化聘任集团经理层，某种程度上也理顺了赵勇董事长一直关注的董事会与经理层之间的关系，换言之，经理层负责集团公司日常经营管理，未来也将匹配相应的权利，责、权、利对等。用赵勇董事长的话讲就是，"你没有任何理由为自己解脱了"。

经理层契约化管理，激发经营活力

新任总经理李进博士上任之后，秉承董事会改革要求，随即推动干部人事体制改革。首先在经理层推行契约化管理，建立刚性绩效考核制度，2017年7月，包括长虹股份公司总经理在内，对集团所有高管都签订了责、权、利匹配的绩效管理合同。

之后通过采取"老人老办法、新人新办法"，长虹公司加快推进职业经理人制度建设。对新出现的经理层职位空缺，优先实行市场化选聘，并实行契约化管理、任期制考核，建立市场化的薪酬与考核激励机制。对长虹公司原有高管建立过渡性退出机制，对因年龄、身

长虹公司原有高管建立过渡性退出机制，对因年龄、身体等原因退出领导班子的成员，可申请转任资深经理，为企业发展继续发挥余热。

体等原因退出领导班子成员，可申请转任资深经理，为企业发展继续发挥余热。实行干部竞争上岗，健全以合同管理为核心、以岗位管理为基础的市场化用工制度，真正形成企业各类管理人员能上能下、员工能进能出的合理流动机制。

高层干部被免，消除干部能上不能下的国企痼疾

"干部能上不能下"一直是国企的痼疾，所以大多数国企都面临干部老龄化的现象，长虹也概莫能外。

为了打破这一传统，长虹集团着手精简高管人数，借助刚性绩效考核制度淘汰一些不能胜任的高管人员。2017年，长虹高管人数由20人缩减到13人，其中2名高管因工作表现和业绩被直接免职，子公司高管团队整体优化比例达

20%，基层干部优化率超过30%。2017年因绩效考核结果不达标，11名子公司负责人被免职、降职、降薪。同时，多名70后、80后年轻干部因优异的业绩被董事会聘任为公司高管，不拘一格选拔干部的氛围初步形成。

推行职业经理人通道，畅通身份转换通道

长虹推行职业经理人制度，实行内部培养和外部引进相结合，畅通现有经营管理者与职业经理人身份转换通道，董事会按市场化方式选聘和管理职业经理人，合理增加市场化选聘比例，加快建立退出机制。

实行与社会主义经济制度相适应的企业薪酬分配制度，对于国有企业领导人员实行与选任方式相匹配、与企业功

能性质相适应、与经营业绩相挂钩的差异化薪酬分配办法。对任命的企业领导人员，合理确定基本年薪、绩效年薪和任期激励收入。对市场化选聘的职业经理人实行市场化薪酬分配机制，不断完善中长期激励机制。

通过放权经营、推行经理人市场化、契约化制度，推进混改、员工持股、中长期激励等多种手段，提升企业经营活力，充分发挥经营者和核心骨干的主观能动性，让想干事的人有机会脱颖而出，让有能力、有担当的人得到回报，让员工真正成为企业的主人，主动地、有意识地、积极地为国有资产保值、增值贡献力量。

2016年确定的"规模良性增长、利润大幅提升"目标，目前已初见成效。但毋庸讳言，国企改革的核心命题，即产权结构（混合所有制）改革和激励机制（核心人才中长期激励）改革，仍未涉足。进一步深化改革迫在眉睫。🆔

聚焦HR >>

CHINA STONE 标志性咨询成果

CHINA STONE MANAGEMENT CONSULTING

内蒙古伊利实业集团股份有限公司

企业文化落地工程

德邦物流股份有限公司

企业文化、干部队伍建设

百度在线网络技术（北京）有限公司

百度"狼性"文化落地研究

安踏体育用品有限公司

干部队伍建设

延长石油股份公司

标准化管理体系建设

云南云天化股份有限公司

组织变革与人力资源管理

天音通信控股股份有限公司

企业文化与合伙人机制

双良集团有限公司

人力资源管理与代际传承

经营人才、人才领先的三大定律

——兼谈国企改革背景下的人才机制创新

■ 作者｜彭剑锋 华夏基石集团董事长 中国人民大学教授、博士生导师

任何一个区域经济的发展、企业的发展，最大的瓶颈还是在于人才，人才是社会经济发展的第一驱动力。中国社会经济发展到今天，进入了高质量发展时代，我们称为创新驱动与品质发展时代。真正要实现中国经济的品质发展，背后实际上取决于人才的创新能力，以及人才自身的素质和能力的提升。

现在很多城市都在大力引进人才，进行产业结构的调整、产业的升级，也在大力发展枢纽经济、门户经济、流动经济，这些背后实际上还是要回归到如何培育创新文化，让人才能够在这块土壤上生根，能在这块土壤上进行价值创造。

一、人才多不等于有效：实现价值的机会和舞台是关键

关于人才的问题，首先想谈几个基本的观点。因为现在全国各地，各个区域都在进行产业的转型，都把人才作为产业升级、转型的一个核心的战略要素，各地都在抢人才，都在进行人才智力引进。

但是，人才与人才之间的竞争，还是在于背后的文化与人才机制制度的竞争。

第一，优秀人才不是抢来的，而是招来、引来的。

招才引智，不是简单地去抢人才，关键是要创造一种环境，让人才想来、愿意来、抢着来。人才来了以后，关键要留智、留心。留智是要把智慧资源能够留下来，把知识资源能够留下来。留心，是真正能够在区域里面生存下来。人才不在于抢，而在于环境，在于你优化人才创新创业的环境，同时人才来了

以后，生活没有什么后顾之忧，能够安心，这是我们所强调的一个理念。

第二，人才是以用为本，人才不是用来养着和供着的。

现在各个地区都在引进人才，但是我最近在全国做调查发现，现在很多地区花高薪，给了很好的待遇引进院士，引进海外人才，问题在于人才来了以后大家养着、供着，没有发挥才华的机会，很多地方的人才是为了装门面。真正的人才是用出来的，摔打出来的。比如中国运载火箭技术研究院，中国航天的发祥地，我们走进去了解后发现，航天事业成功的背后就是人才，人才是用事业目标牵引出来的，是用任务压出来的，是在实战中摔打出来的，不是养出来的，也不是供出来的。

关键是人才要创造价值，得到发展，作为企业来讲，现在不是要追求拥有人才，而是要提供人才有效使用的机会和舞台。如果人才来了以后，不给他提供有效使用的机会和舞台，这是对人才的不尊重，也是对人才的最大浪费。所以不管是国企还是民企，关键是要去研究产业环境、企业内部的生态环境是不是真正能够为人才提供创造价值的机会。

对于人才来说最重要的，有时候不光是待遇问题，人才要有事业成就感，越优秀的人才，越需要有事业的成就感。所以，一个地区、一个城市要引进人才，要招商引智，最关键的还是要有好的企业，能够在你这个区域里面落户。如果企业不成长，企业不发展，经济不发展，再把人才引进来也没有用。所以人才的落脚点，引智首先还是要引知名企业落户，真正帮助他们实现战略性成长。

第三，不求人才所有，但求人才所用，借助于互联网，借助于物联网真正能够实现全球人才为我所用。

过去强调人才所有权思维，我要拥有这个人才，现在互联网时代，更强调的是人才使用权的思维。这个人才不一定归我所有，但是他要归我所用。你跟人才之间的关系，也不是简单的雇佣关系。在互联网时代，很多优秀的人才某种意义上也是个体知识劳动者，所以人才的使用要多样化，招商引智要多元化，不是单一的雇佣关系，不再单纯地追求长期雇用。现在更需要使用权思维，不求人才所有，但求人才所用。

第四，打造三个人才链条。

一是能满足产业战略发展所需要的

> **现在不是要追求拥有多少人才，而是要提供人才有效使用的机会和舞台。**

人才供应链，现在很多大型企业都有首席人才供应官，而且在互联网时代更强调选人比培养人更重要。最关键的是要把顶尖的核心人才、顶尖的经营性管理人才、高潜质的人才找到。要打造人才供应链。二是人才来了以后，不光是用的问题，关键是他的能力如何跟产业、跟企业的需求相匹配，人员能够融入区域经济融入企业的发展，这涉及人才的能力发展链。三是现在越是高精尖的人才，越要把他当客户，我们现在提的理念叫"人才是客户"，就是为人才提供人力资源的解决方案，把人才当作客户。

第五，合适即人才，有用即价值。人才也不一定必须追求最高端，而是要最合适，最能适应产业、企业、岗位的需求。现在很多地区、很多企业还是盲目追求人才高地。其实人才既有高地又有洼地，关键是人才要配套，人才的结构要合理，层次要有序。高端人才、中端人才、低端人才，其实是一个系统，不是只引进几个高精尖人才。人才是一个团队，尤其是现在互联网时代，需要的人才是分层次的，要结构优化，是要依据产业的要求构建人才生态，要有一个好的人才生态体系。

第六，人力资本的投资优于财务资本的投资。人才领先战略就是必须要改变一种观念，人才不要怕贵，最贵的人才只要能有效地使用就是最便宜的人才。

这个人才再便宜，如果得不到有效利用就是最贵的人才。所以在人才的问题上，我一直主张一个理念，最早在华为、美的、TCL也强调：你有多大投入才会有多大产出，人才不可能是经济学的思维。

经济学的思维就是用最小的投入，获得最大的劳动报酬。但人才不是。很多人经常问我一个问题，说彭老师你能不能告诉我采用一种什么样的经营制度，可以用最便宜的代价去获取一流人才，还让他创造一流的贡献。我说，那你是白日做梦，不可能！人才一定是一流待遇、一流人才、一流贡献。不可能用最便宜的工资去获取最优秀的人才，让他们做出一流的贡献。

其实越是落后的地区，你要吸引人才，你付出的人才代价要比其他地区更高。从这一点来讲，人才还是要优先投、舍得投、连续投。当年我们在华为、美的、六和，也一直倡导这个理念。为山东六和集团做咨询时，我们最早提出来人才领先战略。

二、实现持续人才领先，一定要有人才经营意识

不管是国有企业还是民营企业，企业就是经营两个要素：经营客户和经营人才。经营客户最终也是经营人才。所以要把人才管理上升到经营层面，而不仅仅是一个专业职能层面。

1. 人才经营的三个层面

（1）对人才的经营是对智慧资源的经营。我们所讲的招才引智，其实引进来不仅是人才本身，更是一套知识体系。对人才管理强化的是知识管理，对智慧资源进行有效地管理。对智慧资源进行有效地管理，就是要通过对知识的管理，将个人知识公司化，建立共享的知识信息平台，放大人力资源的效能，通过建立知识的协同体系，提高组织应用知识、转化知识、创新知识的速度。

> 招才引智，其实引进来不仅是人才本身，更是一套知识体系。

一些企业从华为挖走了大量人才后，感到很困惑，他们问我说，彭老师，你说华为人才很优秀，为什么到了我这儿就不好用？我花了很大的代价把华为的人才挖过来但没有发挥出作用啊。我说，最关键的是，在华为任何一个人才都能获得平台资源的支持，他拥有共享的知识信息平台，他在前方"打仗"的时候，需要什么样的枪支弹药，后面会全力以赴提供支持与帮助，因为整个公司的运行就是以客户为中心，他只要是基于客户价值，后台就为他提供资源支持。人才借助于组织资源、借助于平台，能力就放大了。

但是我们很多公司，权利都是在上面，层层要审批、层层要过各种关卡，每个领导都在享受签字的快乐，但是不承担市场责任。最后，人才得不到支持，孤立无援，他怎么发挥作用？

经营人才最重要的是要建立协同体系、协同平台。组织最关键的是要打造平台，要提高应用知识、转化知识、创新知识速度，组织最关键的是创造人才的协同价值。我们现在很多企业，引进来一个人才后，这个人才就变成了一个"孤岛"，孤军作战。再优秀的人才得不到其他人才的配合，得不到组织资源的配合，最后就变成了"孤岛"。

人才经营特别强调针对人才的心理需求，人才尤其是优秀的人才，除了待遇，很重要的是对成就感、荣誉感的需求。有时候，人才选择去不去一个地方，待遇高低和人文环境是同等重要的因素。甚至更多还是人文环境的因素，这个地方是不是能够开放包容？是不是能促进人才的成长发展，有没有安心干事的环境？这些因素越来越成为主要指标。

另外，经营人才就是经营知识。对企业来说，最大的财富不是人才，而是知识。人才都会流动，但知识体系是不能轻易流动的，所以华为提出企业最大的财富是你所拥有的知识，以及你所拥有的知识产权，这是最大的财富。

(2) 我们要打造能力发展链，建立能力发展通道。要建立战略和业务的分类能力发展系统，尤其是能力评价体系，以及优化能力的机制与制度，真正实现能力发展与组织发展同步。

在深化改革需求下的国有企业人才经营，我认为首要就是要打破"官本位"，开放职业通道。真正让优秀的专家人才能够有职有权，能够脱颖而出。我们在研究中国运载火箭技术研究院的人才机制的时候，发现很重要一点就是真正尊重专家权威。企业不是"官本位"，而是三大权威。一是领导权威，领导还是需要的，行政事务上领导说了算；二是专家权威，专业技术一定是专家说了算；三是流程权威，谁在这个流程节点上谁就有权威。

过去，国有企业比较普遍的问题就是，只有一个行政权威，没有真正确立起专家权威和流程权威。这是国企深化改革背景下，人才机制创新必须要改变的，就是要打破"官本位"，这是很重要的一点。华为的首席专家相当于副总裁的待遇，坐飞机可以坐头等舱，可以住五星级酒店。

(3) **人力资源部职能体系要重塑。** 人力资源部不能再按照过去那种组织人事工作了，过去人力资源部只是一个专业职能层面，一谈人力资源管理就是组织人事部门的事情。

其实，现在华为、腾讯，包括现在很多国有企业在改革的过程中都在打破过去人力资源的职能体系。腾讯建设了"三支柱"，包含 COE（专家中心）、SSC（共享服务中心）、HRBP（人力资源业务合作伙伴）。现在那些做平台式的企业，它不管怎么开放，有两条线它是总部一竿子插到底的，一个是财务审计线，还有一条是人力资源线。

事实上，整个企业就是一个人力资源委员会，COE 就是人力资源委员会的主任，各级管理者都是人事决策委员会的成员，人力资源部只提供数据，真正决策是各级管理者，而不是人力资源部。所以企业重塑人力资源部职能，第一要通过 COE 去研究战略、研究业务；第二要通过平台化管理提高人力资源管控的效率；第三要下到各个业务系统，帮助各个业务线做业务改进。

比如阿里设有政委制，做干部管理工作。顺便说下，我发现很多民营企业在学习和运用我党成功的组织经验，做人才管理、干部管理，但恰恰国有企业却没有很好地运用这些经验。阿里是两条管理线，政委制，政委是管人才，总经理管事儿。华为也是两条线，一条是 HRBP，人才管理一竿子插到底，HRBP 就是业务伙伴，真正参与到各个业务线，专门提供人才专业服务。这时候它的人力资源部就不是传统的职能部门了。

所以国有企业要改革，首先要改革组织人事部门，要革组织人事部门的命。

2. 人才领先的两个理念

第一个是管人才的人要优先发展。现在我们最大的问题是管人才的人自己首先观念和素质落后。如果管人才的人，自己都没有全球视野，自己都没有正确认识人才的理念，掌握科学的工具方法，怎么选人？选出的人也是不能符合企业需要的。所以我们提出来管人才的人要优先发展。

第二个是人力资源部本身的职能要改革。人力资源部不再是专业职能层面，它要上升到战略，渗透到业务，同时要

> 人才不是光靠组织人事部门去挖掘人才、培养人才，是要让所有的管理者，都要承担人才管理的责任。

服务员工。这就对组织人事干部工作提出了全新的要求。作为一个企业来讲，全球领先的企业，现在都是要支撑战略，要成为战略伙伴，要成为业务伙伴，同时要进行人力资源的平台建设，这是一个发展趋势。

3. 建立吸引人才、激励人才的系统工程

那么国有企业的人才管理怎么创新呢？首先看看过去是什么人在做组织人事工作？过去的要求是"思想红、根子正、嘴巴严、没专业、搞人事"，过去的理念就是这样。未来的人力资源管理一定是专业化的，一定是高素质人才。另外要强调一个理念，人力资源不仅仅是组织人力资源部门的事情，而是全体管理者的责任。所以我们常说，人力资源第一责任人是CEO，是董事长。每一位管理者都要承担两大绩效任务，一个绩效任务是率领团队完成目标任务绩效，还有一个就是让人才发展。每一个管理者，他必须要带队伍，必须要培养人才。

过去往往把人才的选拔培养仅仅看成是组织人事部门的事情，其实一个企业人才的培养发展是各级管理者首要的责任，不仅仅是组织人事部门的事情，这是国有企业必须要改变的一个观念。华为就提出，**没有培养干部的干部不能得到提拔**。在华为，每个干部要得到提拔的时候，你必须告诉公司有哪两个人可以替代你，他们达到了你这个岗位的任职资格要求。你要实实在在地为企业培养出来人才，你培养出来的人才替代你，你才能得到提拔。所以这就要改变我们的观念，人才事实上是要靠各级管理者去发现，去培养，是要承担责任的。

如果所有的管理者，每个人都去发现人才，尽力去培养人才，那人才就脱颖而出了。所以，人才不是光靠组织人事部门去挖掘人才、培养人才，是要让所有的管理者，都要承担人才管理的责任。

尤其是现在80后、90后跟过去不一样了，80后、90后毕竟很多都是独生子女，需要关爱，需要关注，作为管理者，你就必须对他进行有效地沟通，要跟他进行交流，要随时进行鼓励、激励。

人才选择走不走有两个很重要的维度。一个是他的能力贡献是不是得到客观公正的评价。如果他认为他的能力贡献得不到客观公正的评价，这个企业不公平，他甩手就走，而且现在人才的流动率相对来讲比较高。另一个是个体的优势能不能得到发挥。现在很多高科技企业招聘人才都在提一个口号：你将会跟哪位行业内顶尖的人物共事。说明很多80后、90后特别追求跟名人共事、跟优秀人才共事、跟高手过招。所以，企业还是要建立共享的知识信息平台，让平台放大个人的能力。

总的来说，留住人才、激励人才是一个系统工程，而不再是简单地靠待遇就能够吸引到人才，留住人才。

三、机制创新：组织变革和人才激活

从建议的角度，未来国有企业如何进行管理变革，我认为首先是要打造具有充分活力和创造力的组织化管理平台。

国有企业现在最大的问题就是组织太复杂，"官本位"现象严重。我总结大概存在以下六个方面的主要问题。

第一，组织运行是行政权力导向，非客户价值导向。

官僚主义、形式主义，脑袋对着领导，屁股对着客户。天天琢磨领导在想什么，很少真正关注客户在想什么。未来的企业一定要打造客户化组织，反对官僚主义、反对形式主义，要屁股对着领导，脑袋对着客户。华为就强调，一定要屁股对着领导，脑袋对着客户，谁要到机场去接领导，按老任的说法，马上就地免职，不允许迎来送往。

第二，组织离客户太远，决策重心过高，程序多，审批环节过多，机构臃肿，信息不畅。

未来的国有企业，我认为也要"瘦身"，程序要简化，机构要合并，组织要扁平化。现在层级太多，有些企业是七八个层级，未来网格化、信息对称以后，一个企业三个层级就够了。层级过多反应速度就慢，机构就臃肿。

第三，现在人太多，人均效能低。

国有企业一直在进行"干部能上能下，人员能进能出。待遇能升能降"的改革，这其中最难的还是人员能进能出。现在国有企业最大的问题是人均效能偏低，突出的一个现象是忙闲不均，忙的人比民营企业还忙，闲的人真的是闲得难受。国有企业家也很累，也很辛苦，而且周末加班还没有加班费。但是确实很多人在"制造工作"，很多人占着位置不作为，人均效率低下。

美的从17万人减到11万人，销售收入翻了一倍，从1200亿元做到2600亿元。海尔通过组织扁平化，8000个中层干部充实一线，8000个中层干部下岗。华为搞简政增效，减了26000多人，但不是排除了，而是充实到了一线。

第四，中层过大，程序过多，组织封闭不开放。

未来的企业，一定是平台＋小前端＋生态。国企组织结构最大的问题就是"腰"这个部位太肥，中层干部太

多，未来信息对称了，全部是平台化管理，根本不需要那么多的中层。我们提出"生态化的组织变革"，一方面是说不管是国有企业、民营企业改革将来都要走向生态布局、网状结构、扁平化组织。另一方面，未来的企业一定是数据驱动，平台化管理。不再是人盯人、点对点的管理。为什么现在不需要那么多的中层？所有的信息对称的都是数据驱动，根本不需要那么多的中层干部。有数据驱动，平台化管理，责任就可以下沉，权利就可以下放，这个时候领导就不是官，就是赋能，企业内部就要按照任务自动协同，每个经营单元未来是独立核算，分布式经营。最后做到共事、共担、共创、共享，这是很多大型企业推进改革很重要的方面。

第五，组织强调职能，而没有平台。

在组织结构方面，国企的问题是我们的组织结构里面只有职能，没有平台。集团要么就是对下面各个单位一盘散沙，各

> 现在国有企业最大的问题是人均效能偏低，突出的一个现象是忙闲不均，忙的人比民营企业还忙，闲的人真的是闲得难受。

自为政，要么就是集团管控过死。所谓"一管就死，一放就乱"，就是因为我们没有平台。现在很多优秀的企业，除了强大的职能管控体系以外，一定要构建支持这些事业群体的平台体系。要放权给各个事业部，让各个事业群体独立去面对市场，面对客户，同时作为集团要为这些事业部打仗提供各种资源支持。

大家说国有企业控制的过死，其实民营企业控制的更死。在华为，你要买包纸都是"全球行政统一"，就是必须通全球行政服务体系平台去买。华为的全球采购系统、全球物流系统、全球供应链系统，都是平台。

第六，人力资源管理不是依据信息和数据，导致该放的没放，该控的没控。

华为 18 万人每天在干什么，人力资源部都知道，不光是静态数据，所有的业务数据全部都要回到公司总部。现在很多国有企业，看起来对人才控制得很严格，又是工资总额控制，又是这个控制，那个控制，恰恰是信息上没控制、业务活动没控制，很多集团都搞不清楚下面员工到底有多少，是怎么回事儿。而华为 18 万人，每天干什么，业绩怎么样，做得怎么样，今天拜访了哪些客户，怎么拜访的，所有的经验、优秀做法集团都知道，叫数据上移、权力下放。

新型企业如韩都衣舍，它完全是个扁平化组织，就没有中层，整个集团就是 12 个部门，面对几百个小组，每个小组独立面对市场、面对客户，内部全部是数据化驱动。

总的来说，国有企业的组织变革我认为要面对未来，用"五去""二化"思维。"五去"是去中介、去边界、去戒律、去威权、去中心化；"二化"就是组织走向扁平化、网络化，就是削减中间层，压平组织。集团变成一个资源配置的平台和赋能组织，各个经营体独立面对市场、面对客户。这样才能激活，既能有效管控，又能激活。

当然，国有企业目前人力资源问题很多，比如说市场化配置不足、组织程序过多、人才短缺和忙闲不均共存、价值分配缺乏依据、没有客观公正的评价体系、激励形态单一、人力资源跟战略脱节、薪酬水平不具有市场竞争力等，但我认为最核心的问题是：**高层核心人才缺乏长期激励安排，基层缺乏持续激励手段。高的不高，低的不低。要从根本上改变这些问题，还在于思维变革。**

最近我们也提出，人力资源管理要从原子思维到量子思维。比如是对人性的假设，就不能是"黑白假设"，二元对立，非好即坏。其实人的好坏，按照量子理论来讲是"态叠加"的，有缺点的人不一定就不是好人，偶尔犯点儿错误并不意味着他是一个坏人。

对人的需求也不再是层序性结构，即从物质需求到精神需求是按层序递进的，其实不然。物质需求跟精神需求是并行的，没有什么高低之分。不是追求物质需求就是低层次的，追求精神需求就是高层次的；有精神追求的就不需要物质激励，有物质需求的就没有精神追求。不是这样的，其实两者始终是并存

并行的。同理，组织与人的关系也不全然建立在交易上的雇佣关系，它也可以是合作伙伴关系，等等。

未来是一个相互破界融合的时代，所以我提倡要从工业文明的二元对立思维走向互联网时代的开放、破界、融合的思维。总之，面向未来我个人一直持乐观的态度，只要我们紧扣时代的脉搏，从思维到行动与时俱进，坚定信心，不断强化自己，中国一定有美好的未来，未来国有企业也一定能够有美好的未来。

（本文由尚艳玲根据彭剑锋教授内部演讲录音整理编辑）

帮助中国各地区国有企业进行组织变革、管理创新，确立竞争优势

代表性企业

- 白沙集团
- 华侨城
- 北京银行
- 兴业银行
- 粤电集团
- 渝能集团
- 首创股份
- 宇通集团
- 华菱湘钢
- 东阿阿胶

- 云南驰宏锌锗
- 广西柳工机械
- 江中制药
- 清华控股
- 青海湖工业股份
- 大连港集团
- 洛阳栾川钼业
- 广发证券
- 海南核电
- 江汽物流

- 昆泰房地产
- 清华控股
- 清控科创
- 湘潭产业集团
- 中汽国际
- 中国直升机设计研究所
- 专利局检索中心
- 中国航天财务公司
- 中化建财务公司
- ……

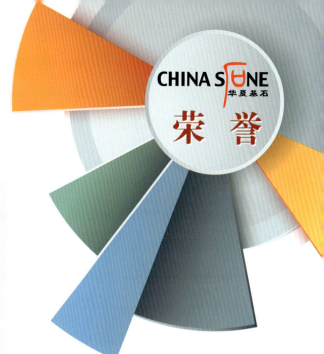

2013 年，华夏基石荣获由中国企业联合会管理咨询委员会颁发的**"中国管理咨询优秀案例一等奖"**

2015—2017 年，华夏基石连续三年入选中国企业联合会发布**"中国管理咨询机构 50 大"**名单，并蝉联第一

2016—2017 年，华夏基石连续两年荣获由 ICMCI 国际管理咨询协会颁发的年度**"君士坦丁奖"**

2016 年，华夏基石荣获由中国人力资源开发研究会颁发的年度**"人才发展服务杰出供应商"**奖

2014 年，华夏基石荣获由中国人力资源开发研究会颁发的**"2013 年度最具满意度的综合性服务机构"**奖

成长DNA >>

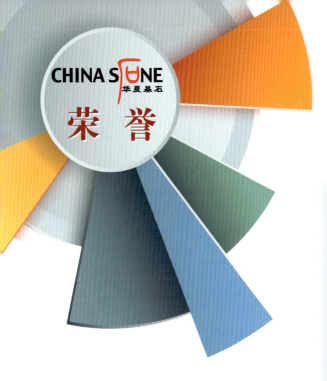

2011 年，华夏基石荣获由厦门市经济管理咨询协会颁发的"**2011 中国最具市场价值的十大管理咨询机构**"奖

2009 年，华夏基石荣获由中国企业联合会管理咨询委员会颁发的"**中国管理咨询机构 20 佳**"奖

华夏基石荣获由第二届中国品牌节组委会颁发的"**2007—2008 年度中国咨询业十大领导品牌**"奖

2007 年，华夏基石荣获由中国企业联合会管理咨询委员会颁发的"**客户信任的管理咨询机构**"奖

2006—2007 年，华夏基石荣获由中国企业评价协会颁发的"**第二节中国人力资源管理大奖服务金奖**"

华夏基石荣获由中国人力资源开发研究会颁发的"**2016 年度中国企业人力资源开发与管理杰出服务商**"奖

2015 年，华夏基石荣获由中国人力资源开发研究会颁发的"**2014 年度中国人力资源开发与管理最优服务商**"奖

自 2004 年始，华夏基石成为**中国企业联合会管理咨询委员会副主任委员单位**

苏宁竞争的三重境界：

注：本文来源于苏宁人力资源部与华夏基石企业文化团队共同组成的企业家思想研究小组，经苏宁授权发布。

尚艳玲 主笔

张近东谈竞争

市场竞争就像足球运动一样，必须在高速奔跑中、高强度对抗中完成高质量的射门，容不得半点懈怠。

决战场内，决胜场外，赢得竞争要有关键优势。获得"关键优势"就是专做业内同行和上游不愿意做的"麻烦事"，不断创造新的竞争平台，与对手动态竞争，而不是静态地较量。

最好的防守是进攻，不论对手是谁，我们都要有敢于争锋的气魄，狭路相逢勇者胜。企业竞争最后拼的往往不是资源，而是毅力和文化。

我们不会和别人抢掉在地上的煤，而要去深挖掩埋于地下的金矿。我们要发掘别人看不到的机遇，以前瞻性眼光和行动超越别人。从这个角度上说，苏宁最大的竞争对手其实是我们自己，不断突破自我、完善自我。

竞争形态正在发生变化，互联网时代强调既竞争又合作，朋友和敌人是相对的。同时，企业间的竞争正逐步转向产业生态圈的竞争。表面看是单个企业的竞争，背后实际上是大生态系统的对垒，这是大趋势。

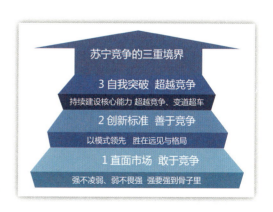

在市场竞争方面，苏宁秉持"创新标准、超越竞争"的理念，一面通过创新行业标准和规则，获得差异化竞争优势，弯道超车，引领竞争；一面坚持后台优先，夯实经营发展基础，变道超车、超越竞争。

1. 直面市场、敢于竞争

市场竞争是永恒的，对手是相对的。对手就是块磨刀石，石头越硬，磨出来的刀越锋利，如果不敢找高手过招，就失去了成为强者的机会。

苏宁人始终强调狼性精神，狼性不是狭义的野蛮霸道，苏宁从来都是强不凌弱、弱不畏强，强要强到骨子里。我们所说的狼性，是一种积极进取、不畏挑战、敢于竞争的心态。在互联网时代，我们不能妄自尊大、闭门发展，要打开眼界，去研究所有的对手和同行，针对性地制定竞争策略。但不论对手是谁，我们都要有敢于亮剑的气魄，狭路相逢勇者胜，企业竞争最后拼的往往不是资源而是毅力和文化。所以，所有干部都要唤醒自己已经沉睡了的血性，要敢于和对手亮剑、一拼高下！

2. 创造标准、善于竞争

苏宁在3个十年的发展中，不断以创新树立特色，取长补短、扬长避短；以柔克刚、以快克强，始终顺应时代趋势、引领行业发展。

一是始终以模式领先。2012年左右，当电商作为新经济模式如火如荼时，苏宁却提出，"未来的零售企业，不独在线下，也不只在线上，而一定是要线上线下完美融合的O2O模式"。苏宁基于对用户、对服务的深刻理解，判断传统纯电商平台存在着商品性能展示不充分、商户信息不对称，不能满足消费者立体式购物体验的需求，无法全面地服务商户、培育品牌等弊端，提出要走一条从"互联网＋"到"＋互联网"的"双线融合"的苏宁模式。

近两年，当传统的互联网零售商也意识到"光有上半身没有下半身"的问题，从线上开始走向线下，谋求"双线融合"发展时，苏宁已经在"聚焦零售、同心多圆"战略下完成产业协同布局，开启了"智慧零售"苏宁主场时代……

二是胜在远见和格局。在连锁店比拼最激烈，对手扬言要收购苏宁时，张近东说："靠吃兴奋剂比赛是没有用的，只有靠内功才能赢得最终的成果。我知道这个市场一定是我们赢，因为苏宁追

"靠吃兴奋剂比赛是没有用的，只有靠内功才能赢得最终的成果。我知道这个市场一定是我们赢，因为苏宁追求的是长远的东西，我认为这是一个价值观决定的问题。"

——张近东

求的是长远的东西，我认为这是一个价值观决定的问题。"

在互联网转型之初，苏宁没有被"电商干掉实体店"的风潮所影响，坚持线下线下融合的道路，布下了一张极大的竞争网络——变传统产业的垂直串联式竞争形态（即在某一个点、某一条线上的竞争）为交叉并联的产业协同竞争网络！

张近东在2018年的工作部署会上讲道："如今，我们产业生态大格局全面开启，协同发展的优势稳步已凸显。……以技术为推动力、用户需求为导向的新业态正在成为线下发展的主流。我们已经具备了改变行业格局的实力，大家一定要用新思维、新模式、新技术，来占领线下重塑发展的制高点。"

在中国零售业发展的第三个阶段，"场景互联网零售"大幕全面开启之际，苏宁的发展战略又一次全面领先。由此展望未来，苏宁充满信心，"智慧不在一个层次，较量就不在一个层次；格局不在一个层次，未来就不在一个层次"。

3. 自我突破、超越竞争

真正的绝世高手，不是能打垮所有人，而是能不断超越自我，挑战自我的人；不是依靠天赋异禀，而是靠"台上一分钟，台下十年功"，年复一年、日复一日的内力修为。

苏宁要参与竞争、引领竞争、赢得竞争，但并不会止于竞争。竞争是手段、是途径，但不是目的；竞争的根本目的是要超越竞争，不断提升和强大自己，走出一条苏宁自己独有的路。

苏宁自己的路就是始终坚守零售业本质，坚持"服务是苏宁唯一的产品"的一元战略，坚持用"百年苏宁、全球共享"的愿景牵引，持续拼搏进取。

一是坚持持续强化核心能力建设，创新竞争平台，提高竞争维度。所有的竞争本质上是能力的比拼，在互联网转型变革中，苏宁之所以能"大气、霸气、朝气"，是因为有底气——有领先的物流网、信息技术网、服务系统网、人才网等厚实的基础能力支撑，苏宁弯道超车，迅速完成从线下到线上的蜕变，强势挤进互联网电商竞技场，不仅在线上与京东、天猫形成"三分天下"的格局，也因成功完成双线融合，在线下连锁零售行业无出其右。

二是超越竞争，变道超车，走出一条自己的路。时代在变，技术在变，人也在变，零售服务这条路没有止境。当市场上有对手的时候，其实目标很清楚，打法也清楚，就是盯着对手打，直至超越对手，成为领先者；而当自己成为领先者的时候，就变成了跟自己的竞争——新的胜利取决于你能否放下过往成功，走出舒适区，自我突破，自我超越。

随着互联网技术的深化发展，零售业的竞争维度已经在发生巨大的变化。一是数字日益成为核心生产要素，自己面临着原有生产要素数字化转变的挑战；二是互联网走向大链接时代，所有的边界都在重构，跨界、混界、无界，竞争将不再是在一条路上你追我赶式的"弯道超车"，而是"变道超车"——就像数码相机"干掉"胶卷、智能手机"干掉"数码相机一样，瞬间把别人的优势化为无形。

在零售业这场没有终点的马拉松赛场上，某种程度，苏宁最大的竞争优势就是自己，是苏宁的危机意识和道路自信，是苏宁人的智慧和事业追求，是执着拼搏、永不言败的精神力量。[C]

华夏基石——日本人本经营学会合办
"日本优秀企业持续经营之道"研修班专题

持续赢利 20 年：

日本生鲜食品超市 OZEKI 的 "弱者战略"

■ 作者 | [日] 坂本光司　翻译：浩楠

1957 年，佐藤和他的妻子正慧在东京世田谷线的松原车站的附近开了一家物产店，这家物产店就是 OZEKI 的前身。

创业之初，佐藤和他的妻子有下面这样的对话：

"正慧，家里每天生活费需要多少钱呢？"

"一天大概 250 日元到 300 日元。"

"那剩下赚的钱都还给顾客吧，多余的利润都让给顾客，顾客一定会满足和高兴吧！"

这次对话，正是体现了 OZEKI 从创立初始就一直坚持的"顾客第一"的经营理念。

通过采取中小经营体的"弱者战略"，用社区营销的方式，以及"顾客第一"的经营理念，坚持不懈的获得地区顾客支持，以销售生鲜食品为主业的 OZEKI，持续保持了 20 年的盈利，年销售利润达到 53 亿日元。

竞争激烈的日本食品超市零售业

日本超市零售业的竞争一直十分激烈。从这几年零售业整体数据来看，食品超市的店铺数量从 2000 年起呈现减少趋势，其主要原因有以下三方面：

一是来自其他零售行业的竞争。如遍布日本街道的小型便利店、药妆店等，在同一商圈内的其他零售业也将生鲜食品、蔬菜纳入自己的经营范围，成为食品超市竞争日渐严酷的主因。从数据来看，药妆店在过去 7 年内的销售额大致增加到 1.4 倍。食品在销售额所占比例从 14.2% 增长到 23.1%。同时，各地区对食品超市零售业的需求和经营环境的要求有很大差别。

二是土地不足制约城市地区发展。近年来，城市地区的高层住宅建设加快，居民数量的猛增常会超过当地食品超市的承受能力。本来这些新建居民社区需要配套的大型超市，但都市内并没有适合大型超市的场地。所以，市区新开设的超市主要以中小型超市、便利店为主。

与市区相反，随着人口向都市集中，周边地区居民减少，小规模的店铺如今已经很难适应郊区市场。因此，日本郊区主要还是以中大型超市或复合型购物中心为主。

三是少子高龄化造成企业后继无人。日本少子高龄化的社会问题对食品超市的发展产生巨大影响。根据调查统计来看，食品超市基本都有 1 成的用人缺口。特别是在超市的水产、鲜鱼、蔬菜及精肉部门最为明显。在地方店铺，水产、鲜鱼、精肉的负责人常会自己去市场采购高鲜度的水产蔬菜，这也成为能够吸引客户流量的重要条件。

商品种类可以说是超市的生命线。但很多地方超市的采购负责人的年事已高，对年轻消费者和社会生活方式的变化不太敏感，而且体力不继也是个重要原因。

为弥补此种情况，很多地方超市会利用统一的供货渠道，集中进行采购进货。虽说利用统一渠道让采购变得更加容易和有效率，但这也会导致店内商品品类过于集中，各家超市很难进行差别化经营。

另外，劳动力不足也影响了超市薪资，这成为运营成本上升的主要原因。

OZEKI 为何能持续 20 年赢利

在日本综合型超市整体经营不振的状况下，持续 20 年保持增收增营的超市 OOZEKI 是怎么做到的？

企业概要：

创 立：1957 年

资本金：15.15 亿日元

营业额：667.79 亿日元

经营利润：53.2 亿日元

自有资本比：77.3%

店铺数：30 个（东京 25 个，神奈川 4 个，千叶 1 个）

员工数：1100 名

OZEKI 持续赢利的秘诀是什么？

1. 地方小型超市的"弱者战略"

（1）高密度出店策略。

OZEKI 主要以东京的东急线和小田急线的

地铁沿线为中心，采取高密度高出店战略。

通过地理分析（地区、气候、人口密度等地理因素）将市场细分化。高密度出店战略的优势在于顾客来店频度增加，各店铺商品快速互补，物流效率提升，店铺认知度上升，广告的促销效率上升。

OZEKI 的店铺面积多数为 400~600 平方米，相对来说主要以小型店铺为主。在高收入者所住地区，街道密集区及地铁车站前都积极地出店。这些地区居民有很高的购买能力和流量，能够消费高价商品。同时，OZEKI 的商品主要以收益性较高的生鲜食品为主，通过在高收入地区集中出店，高利润率和销售高额商品变为可能。

选择其他公司搬离后的店铺为地点出店，能够大幅度抑制店铺改装费用，利于房租交涉。

（2）基于会员信息分析的精确销售。

OZEKI 的会员数突破 80 万人，年会员销售额占比 88.3%。

通过对会员购买信息的整合分析，让会员能够更加精确地预测销售。同时，来店次数变多，能够非常成功地压低销售管理费用。实际上，回头客多的店铺其利润率更高。

通过分析会员卡的购买信息，哪位顾客什么时候买了什么东西，再通过销售负责人的判断进行商品摆放位置的改变，减少销售剩余。

（3）一线员工的现场决策。

OZEKI 货品浪费率仅有 0.1%。其浪费率低的原因，很大程度上是在于一线员工的应对能力。员工会现场向顾客推销"这个萝卜现在正在打特价"。

同时，如果某家店铺如果进货过多，就会将剩余商品带到其他店铺中进行销售，OZEKI 店铺间的商品每天、每时都在进行流通。打个比方，就算是某家店只剩下一根萝卜也会用车送到其他店里。如果蔬菜在运输过程中产生伤痕的话，员工当场就会进行修剪后进行销售。

同时，通过对会员的购买信息的分析，结合当天天气和顾客动向。一线员工能够瞬间决定打折的品种、时间和价格，这也是 OZEKI 能够将浪费率压到最低的原因。

2."顾客第一"，精准服务社区顾客

（1）依据社区顾客需求，各店铺独立自主进货。

OZEKI 商店的商品品类很多，每个店铺的商品种类没有一致的。那是因为，

OZEKI 的员工会根据每位顾客的需求，到当地的批发市场进行独立进货。就算顾客需求的商品数量不多，也能够将其放上需要的货架。

正是这种重视"每位顾客的需求"的做法，让各个店铺都有超越其他同类超市一倍的商品种类，基本上平均每家店铺有 1.8 万种商品。有些店铺光是西红柿就有 22 种，酱油居然有 100 种以上。

OZEKI 的生鲜食品品类很多，加工类食品较少。这是因为加工食品都是统一进货，从价格上很难去战胜大型连锁超市。

因此，这家店铺商品以生鲜食品为中心，来确保高利润。

（2）让利给顾客。

正如文前创始人佐腾和妻子的对话："自己赚一点就行，其他的让利给顾客，顾客应该会喜欢吧！"抱着这样朴素的经营理念、处处为顾客着想的经营策略，OZEKI 也得到顾客的喜爱。

OZEKI 总共有 30 个连锁店铺，高峰期每天会有，占东京总人口的 1%。

薄利多销是零售的一般常识。但是，难能可贵的是 OZEKI 把这个常识坚持了 20 年。OZEKI 每年净利润率保持在 8%，却持续盈利了 20 年。

坂本光司教授介绍

▶ 日本中小企业研究第一人。著名经营学者，主要研究中小企业经营、地域经济、地域企业。坂本光司教授研究了 8000 家实现持续健康经营（50 年以上）的中小企业案例，总结提炼出优秀企业共同的经营哲学——"人本经营"。"人本经营"的这个"人"，是指员工及其家庭，外部员工（供货商）及家庭、顾客、地区社会、股东及银行这"5 个人"。坂本光司教授对日本企业传承成功模式有体系化的研究。

坂本光司现任日本以人为本经营学会会长，法政大学研究生院政策创造研究科教授兼法政大学静冈校校长，日本中小企业厅经营革新制度评价委员会委员长。

华夏基石——日本人本经营学会合办
"日本优秀企业持续经营之道"研修班活动介绍

日本实现百年经营的中小企业，他们是如何跨越逆境、不受经济环境影响，实现持续经营的？

在持续经营历程中，他们是怎么解决如增长乏力、企业和文化传承等迫切问题的？

由华夏基石《洞察》与日本人本经营学会联合举办的"日本优秀企业持续经营之道"研修班现开始招生。

研修班特点：

1. 由"日本中小企业研究第一人"之称的坂本光司教授担任主讲，讲述日本标杆中小企业的经营之道；

2. 实地考察标杆性企业，与日本优秀企业家深入互动，交流企业经营问题；

3. 经合理论与实地考察，深入学习探讨企业突破性成长之道；

4. 华夏基石集团资深管理咨询专家全程陪同，演讲与解疑。

了解研修班情况，请扫描下方二维码，或与《洞察》知识与市场服务中心联系，联系方式见版权页。

◀《洞察》微信公众号

书 评

这个世界不缺既聪明又勤奋的人，但他们之中也有很多人并不成功。又是为什么？

跃迁式成功都是因为
掌握了底层规律
——读《跃迁——成为高手的技术》

■ 作者｜尚艳玲

借势明道，找到杠杆

"这个世界不缺聪明的人，也不缺勤奋的人，但聪明人不一定能够发挥自己最大的优势，也可能一事无成；勤奋者也会因为只是勤奋，却找不到解决问题的关键，碌碌无为。"（著名媒体人吴伯凡）

其实，这个世界也不缺既聪明又勤奋的人，但他们之中也有很多人并不成功。又是为什么？

培养商界精英的长江商学院的校训是"取势、明道、优术"。按词序的排列理解起来就是：把握（大时代、大环境）趋势；理解系统（体系、行业等）的运行之道；不断优化升级方法论。

英雄造时势，时势造英雄，一体两面。"个人的命运并不是一条孤独的航线，而是与整个社会的每一个人缠绕在一起。一开始你应该通过努力精进达到'逃逸速度'（航天用语），然后应该切换思维方式，利用平台和系统的力道，撬动自己去更远更好的地方。"

"没有一个人是仅凭努力、天赋和机遇而获得巨大成功的，跃迁式的成功都是利用了更底层规律，激发了个体的跨越式成长。"

"人、势、道"三者之间究竟是怎样的一种联系？《跃迁——成为高手的技术》的作者古典用《星际迷航》中描述星际航行的原理类比。飞船加速飞离地球后，就不再依靠自身的燃料，而是依靠星球间的引力在飞行，利用星系间的"引力弹弓"把自己发射到一个又一个新方向。这时候，飞船自身的燃料只是用来调整自己的角度，这样飞得最快，也最省力。在某些时刻，甚至可以利用"虫洞"来穿越空间。

道，就是规律，或者底层逻辑。人类历史上的那些伟大人物，除极少数如爱因期坦那样的真正的天才人物之外，大数人高手们的成就并不仅仅是通过自身的努力达到的，真正拉开他们和普通人距离的，在于他们有意无意地做出正确选择背后，对社会、科技和时代隐藏的规律或底层逻辑的洞见和把握，这些像杠杆一样，放大了他们的努力，让他们实现了跨越式的成长。

也就是说，即便你聪明又勤奋，仍然不够。你要懂得借势，借时代的势、借平台的势，找到系统的杠杆点，个人的力量才会被放大，就像鸟儿借助上升气流和同伴拍打翅膀的助力，飞越大洋。

非线性成长，跃迁跨越

"跃迁"本来是量子物理中的名词，但现在成了成功语境中的热词。

跃迁有三种态：形态跃迁，比如说烧水。水在0℃到99℃之间，都只是温度升高，在100℃突变成气态，这种突变物理上叫作相变（Phase Transition），即形态跃迁。

量子跃迁。量子物理中，电子只能有几个固定的量级，吸收能量以后，会突然从一个量级跳跃到更高的量级，不存在中间状态。这个过程也可以反过来，从高能级往回跳跃，释放出光子，这个过程叫作量子跃迁。

元系统跃迁（Metasystem Transition）。生命的形成"从无机物聚合突变成为有机物，有机物突变成细胞，单细胞突变成多细胞，多细胞到复杂生物，再到爬行动物、哺乳动物，一直到人类。人类通过文化、经济、社会进一步聚合，形成了今天的社会。这个链条一头是分子，另一头是人类社会，其中链条的大部分是渐进式进化，而几个最重要的环节，都在跃迁"。

总结起来，"受到激发的突变"，是跃迁的核心特征。

那么人怎么实现突变跃迁？

跳跃式升级，自我跃迁

"如果把个人通过刻意练习，自我迭代而带来的渐进式进步叫作自我迭代，那么利用科技、社会系统的能量，快速跳跃式升级，则是自我跃迁。"

新东方教师出身的作者古典，以学习中的几个境界来切入分析，认为个人跃迁式成长有三个阶段。

第一阶段：认知跃迁。

坚持持续的学习、阅读，突然有一天一个概念击中你，你打开了一个全新视野，过去困扰你的一切突然清清楚楚，顿悟，这就是认知跃迁。

第二阶段：能力跃迁。

你按照新领悟的方法持续地积累、练习、见人、蓄势，却长久没有什么变化。你甚至都想要放弃了，但突然有一天你发现自己的能力和水平上升了一个台阶，这就是能力跃迁。

第三阶段：能级跃迁。

从能力跃迁到能级跃迁，则是一个价值从内向外的过程。你的内在价值提高，但是外界还需要时间体验。但是这个阶段是爆炸式的……在一个长时间的积累和爬坡之后，你正确地做出了几个选择，换了几个平台，身价、能力和水平会突然上一个层次，看问题、做事情有完全不同的力量。这就是能级跃迁。

作者特别强调，自我跃迁，不仅仅是能力的改变，更是认知和发展"范式"的改变。心智模式或者说范式的转变，对内提升潜能，对外发现可能，这就是一个人认知跃迁的关键。🔲